元史演绎系列

李治安 主编

元上都史话

冯苓植 编著

远方出版社

图书在版编目 (CIP) 数据

元上都史话 / 冯苓植编著 . -- 呼和浩特 : 远方出版社, 2019.4

ISBN 978-7-5555-1254-7

Ⅰ.①元… Ⅱ.①冯… Ⅲ.①都城(遗址)-史料-中国-元代 Ⅳ.① K928.647

中国版本图书馆 CIP 数据核字 (2019) 第 074551 号

元史演绎系列

主　编：李治安

副主编：包明德　苏那嘎

民俗顾问：托　娅

蒙语顾问：巴拉吉

史学顾问：阿拉腾巴根　韦　玄

元上都史话

YUAN SHANGDU SHIHUA

编　　著	冯苓植
责任编辑	董美鲜　奥丽雅
责任校对	心　妍
装帧设计	晓　乔　韩　芳
出版发行	远方出版社
社　　址	呼和浩特市乌兰察布东路 666 号　邮编 010010
电　　话	(0471) 2236473 总编室　2236460 发行部
经　　销	新华书店
印　　刷	三河市万龙印装有限公司
开　　本	170mm × 240mm　1/16
字　　数	94 千
印　　张	11.5
版　　次	2019 年 4 月第 1 版
印　　次	2019 年 4 月第 1 次印刷
印　　数	1—2 500 册
标准书号	ISBN 978-7-5555-1254-7
定　　价	38.00 元

序：伟大的历史遗存

韦　玄

元上都遗址是联合国评定的世界文化遗产。它地处锡林郭勒茫茫大草原深处的正蓝旗，闪电河水静静地从它身旁流过。但因历经七八百年的风霜雨雪，就连遗址的废墟也大都被萋萋的芳草覆盖了。眼前似只剩下蓝天、白云和一望无垠的葱茏翠绿。

但曾有过的历史辉煌是难以湮没的……

元上都，这座镶嵌在碧野深处的东方明珠早就被世人所知。早期的意大利人马可·波罗在他的《马可·波罗游记》中讲述过；稍后的波斯人拉施特也在他的《史集》中描绘过；近代的法国史学家格鲁塞、美国史学家罗沙比等，均在自己描述草原帝国的专著中提到过。所幸考古学家经几十年的发掘与考查，元上都遗址的大体轮廓已清晰地呈现在凭吊者眼前，足令参观者发幽古之思……

元上都遗址之所以能成为世界文化遗产，联合国专家一致认为这是“农耕文明与游牧文明高度的融合”。相关史实证明，13世纪的草原帝国正走向一个历史拐点，即欲“一统天下，入主华夏”。为此，马背民族必须部分舍弃“逐水草而居”的生活，有条件地汲取汉地的农耕文明。在这方面，一代天骄成吉思汗生前早有过宏伟的规划，临终前尚对儿孙们留下了攻取潼关的遗策。而真正完成圣祖遗愿的是他最钟爱的嫡孙——

大元王朝之开国皇帝忽必烈！

难怪冯苓植先生称：若无忽必烈，难有元上都！史实也确实如此，若无忽必烈受蒙哥汗之封成为漠南藩王，若无他那金莲川幕府广招前朝群儒，若无他那居幽燕以图天下的胸怀，若无他那破旧俗首建开平王城的气魄，很难有曾经辉煌一时之元上都！完全可以说，元上都规模之逐渐宏大，正是忽必烈之伟业日渐成功的象征。

难解难分！构成一部大元王朝史……

从某种意义上讲，元上都遗址可称为一处世界级的“人文景观”。既然称之为“人文景观”，那就不能只是指着一处处废墟介绍：这是大安殿遗址，这是水晶宫基石……应该更注重“人文”的一面，结合相关的历史故事来进行讲解，做到知识性、趣味性兼具，使旅游者从中得到教益——早在七八世纪我国的多民族文化就在渐渐融合，我国也在逐步形成一个统一的多民族的大家庭。为此，我曾想过我们多么需要一部元上都遗址的旅游指南啊。

所幸现在总算有人来做了。

《元史演绎系列》之《元上都史话》，即将由远方出版社出版。而事先我已看过这部旅游指南的手稿，并深为冯岑植先生的良苦用心所感动。他既严肃认真地对待历史，又生动感人地展现历史。比如，不是干巴巴地介绍宫殿群落的遗址，而是结合元王朝的特殊朝仪体制、后宫的“斡耳朵”制度，以及元王朝别具一格的战争场面等进行叙述，足使人触景生情、浮想联翩。

俱佳矣！但华夏各民族走向大一统却是必然的！

聊聊絮语，权作序。

目录

概 述

锡林郭勒草原，是我国为数不多的原生态草原之一。极目望去，莽莽苍苍、绿草如茵、碧野连天，令游人无不心旷神怡。更何况！茫茫绿野中尚有一条河流蜿蜒地穿流而过，犹如一条吉祥的哈达，飘荡在野花盛开的大草原上。

这条河流的名字就叫：闪电河（滦河的上游）……

然而闪电河似乎有些“名不副实”，既无电闪雷鸣，又无惊涛骇浪，更不见“乱石穿空，卷起千堆雪”。宁静祥和得犹如茫茫大草原一般，故而数百年来竟无文人前来凭吊，也无骚客到此发出苏东坡式的感慨：“大江东去，浪淘尽，千古风流人物。故垒西边，人道是，三国周郎赤壁……”难道这里从未有过历史的辉煌吗？沉默的草原、沉默的河流，久久未答。只有当闪电河流经锡林郭勒盟正蓝旗与多伦县的茫茫大草原深处，才略显端倪。

茂密的沃草丛中竟隐没着如此多的莫名废墟……

虽历经近六百年的风雨侵蚀、黄沙掩盖，几乎夷为平地或土丘，甚至上面还覆盖着萋萋荒草。但到这里游牧的牧人们还是能不断发现，这里不仅有土城的残垣断壁，有偶拾的残砖断瓦，甚至还有许多规模宏大的地基遗址……而历史往往是会被忘却或掩盖的，在年迈的牧人们看来，似也只能以自己的想象来判断这些在草丛中的遗迹。须知，自元末北归的战乱以来，茫茫的锡林郭

锡林郭勒草原

勒大草原已历经明、清、民国三个历史阶段。对于牧人来说，他们在草原上所见到的高大宏伟的建筑，似也只有牧区崇奉的喇嘛召庙。故而人们依据地基的数量，在中华人民共和国成立前一直把这片废墟称为：召乃曼苏默。汉译：一百单八庙。

是对历史的遗忘，还是另类的祭祀祖先……

其实，我国的史学界对此似也早有自己的判断和结论。尤其在历经近四十年的进一步考古勘测与发掘后，史学家和考古工作者以确凿的证据科学地验证了：这不是一片残存的召庙废墟，而是一处极具历史意义的古都遗址！有蒙汉史籍作为佐证，此处原名为：开平！忽必烈大帝一统华夏之后，将其定名为：元上都！大元王朝两都之一，其时蒙汉众臣又将其称之为：夏都（或夏宫）！

元上都之“重见天日”，其历史意义之重大可见一斑……

更令人欢欣鼓舞的还在于，在2012年于俄罗斯圣彼得堡召开的第三十六届世界遗产大会上，各国学者一致同意将我国申报的文化遗产项目——元上都遗址列入《世界遗产名录》。其时为2012年6月29日18时23分，至此元上都遗址成为我国第三十项世界文化遗产。我国

元上都遗址

目前被列入世界文化遗产的共有五十多项，居世界前列，而展现于茫茫大草原深处的仅此一处。

沉寂了近六百年，为何引发世人的注目？……

世界遗产委员会认为："元上都遗址作为草原都城遗址，展示了文化融合的特点，见证了北亚地区游牧文明和农耕文明之间的碰撞及相互交融。元上都遗址满足遗产真实性和完整性要求。世界遗产委员会充分肯定元上都遗址的保护管理状况，并认为遗址管理效率正在得到持续强化的提升。"

精辟！精辟！言简意赅，切中要义……

而时任国家文物局副局长董明康在北京接受记者采访时，则更加具体、更加详尽地介绍了元上都遗址。他说："世界遗产申报的最根本条件就是遗产要具有突出普遍价值。元上都遗址位于中国内蒙古自治区锡林郭

勒盟正蓝旗和多伦县境内。遗产区面积约二百五十一平方公里，包括城址、关厢、铁幡竿渠、砧子山墓群、一棵树墓群等。缓冲区面积约一千五百零七平方公里，涵盖了敖包群和保留至今的蒙古族敖包祭祀等传统人文景观以及湿地、典型草原、森林草原和沙地等蒙古高原草原特色景观在内的遗址环境，具备很高的真实性与完整性。”

并介绍：“1256年，忽必烈在此建开平府；1263

元上都遗址

年，升为上都，曾作为元朝第一个都城和夏都。元上都遗址作为中国元代都城系列中创建最早、历史最久、格局独特、保存最完整的都城遗址，以其位处中原农区与亚洲北方牧区交接地带的地理特性，在13到14世纪游牧民族从军事征战转向王朝治理的过程中，见证了游牧与农耕两种文明在冲突与融合过程中的独特产物——二元文化。作为将农耕文明与游牧文化的精髓结合于一座城市的杰出范例，其游牧与农耕文化兼容并蓄的城市模式，在世界文明史和城市规划设计史上拥有独特的地位。”

更指出：“元上都与引发欧洲‘大航海时代’的《马可·波罗游记》有密切关联，元上都遗址所在地至今仍传承着游牧文化的传统和体现自然崇拜的敖包祭祀，它还作为梦幻花园Xanadu这一文化符号的原型闻名于世，在当今世界文学、音乐、建筑等艺术领域产生广泛影响。”

锡林郭勒草原

最后的结语是："元上都遗址成功列入《世界遗产名录》，将进一步丰富世界遗产的价值和类型，促进中国世界遗产事业发展的区域平衡，推动遗产可持续的科学发展，体现中国大遗址保护工作取得的突出成绩。"

实至名归，元上都遗址当之无愧地被列入《世界遗产名录》。

每当盛夏，引来国内外旅游者无数。

但面对茫茫大草原，观者又有些惘然。

昔日元上都的辉煌早已荡然无存，

眼前似只剩下一片残垣断壁，

勾勒出了古都的轮廓……

史说元上都

往事空悠悠，只留遗迹存……

通过遗迹虽尚能分辨出古都的规模和布局，但难见元上都昔日之繁华和昌盛。多亏有元代蒙汉文史籍之记述，才得以再现这座草原古都的昔日辉煌。尤其当时一些文人骚客所留下之诸多诗作，更可激发旅游者的想象力。比如说，元王朝重要的开国谋臣郝经就曾这样描述过元上都——

欲成仁义俗，先定帝王都。

畿甸临中国，河山拥奥区。

燕云雄地势，辽碣壮天衢。

峻岭蟠沙碛，重门限扼狐。

侵淫冠带近，参错土风殊。

……

栋宇雄新造，城隍屹力扶。

建瓴增壮观，定鼎见规模。

在中国古代诗歌史上，元诗卷帙浩繁。据统计，留存至今的尚有三万多首，其中咏颂元上都的诗篇就占一定的比例。故而除郝经之有感而发外，对元上都抒发感慨的还大有人在。比如元代诗人胡助就曾这样描述昔日元上都的独特风貌，似色彩缤纷地展现了一幅草原古都的历史画卷——

帝业龙兴复古初，穹隆帐幄倚空虚。
年年清暑大安阁，巡笔山川太史书。
绿阑青草玉花骢，驯鹿游眠殿阁东。
西梵祝厘环地坐，曈昽初日晓旗风。
西清学士草黄麻，阁老承恩扈翠华。
昨夜司天台上望，文章光焰照龙沙。
……
御天门前闻诏书，驿马如飞到大都。
九州四海服训诰，万年天子固皇图。
……

元代诗人之感慨虽能激发后人的想象力，但仅凭诗

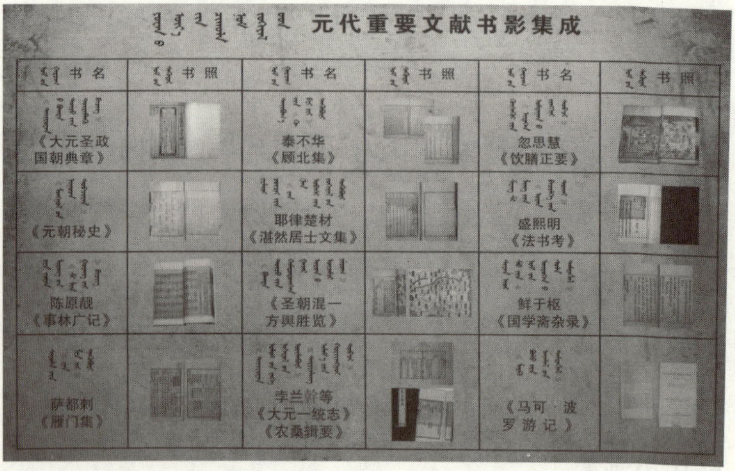

元代重要文献书影集成

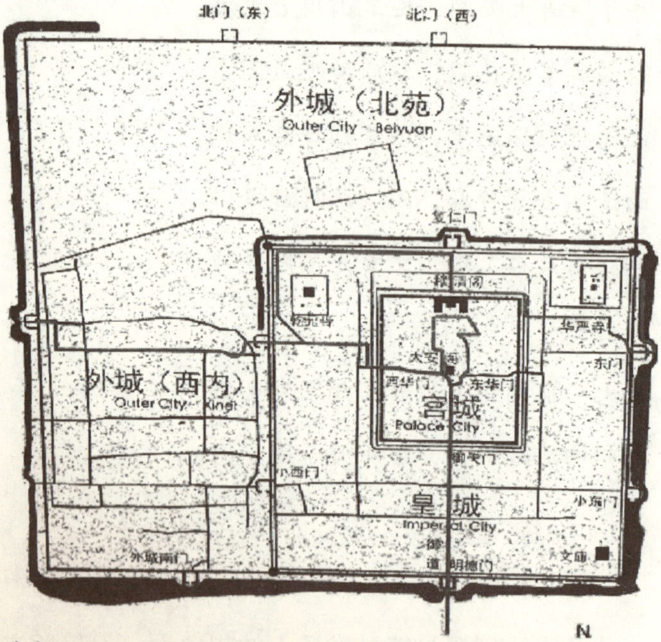

外城

人炫耀式的描述仍难再现草原古都雄伟的全貌，更难再现游牧文明与农耕文明交融结合之辉煌。为此，还必须从古代蒙汉史籍中查询，并对照元史专家和考古工作者的学术研究成果，全方位地再现元上都昔日之雄伟与辉煌。

因为其不但是元王朝的发祥之地，而且也曾闻名欧亚……

史籍浩繁，但绝不乏有关元上都的记述。因此，必须忠实于历史，首先依据史实从内外城郭说起。因为不说城郭，往往难知草原都城之规模与布局。元上都内外竟有三重城：外城、皇城、宫城，巍峨壮观可见一斑！

现仅就按顺序由外及内一一说起——

外　城

据史载，外城大体呈正方形，每边长约两千二百米，环绕一周近九公里。城墙基宽约十五至二十米，城墙高约八至十米。整个外城城墙由黄土夯筑而成，每层约二十厘米。似以内地城垣砖石筑造，略显粗犷，但南门与西门之上却绝不乏城楼与御敌之瓮城。城中尚有一道夯筑的土墙，将外城内分割为南、北两部分。城内南

大汗亲征

部为布局稀疏的街道，北部则以石块砌出一处大围场。东西长约三百五十米，南北宽约二百米。据史载，此乃皇家猎苑也！其中不但养有虎豹熊鹿，尚驯养有草原从未见过之大象。出现之缘由暂且不言，需依序先说皇城！

忽必烈大帝曾于此号令天下——

皇　城

皇城位于外城内之东南角，为正方形，每边约长一千四百米，规模相当可观。城垣虽仍由黄土夯筑而成，但夯土之外却由条石自下而上砌就。皇城与外城相比似更显坚实，而且在城垣的四角已有护卫的岗楼。皇城对外东西南北均有洞开的城门，南北门外尚筑有方形瓮城，东西门外各筑马蹄形瓮城。皇城之核心当为宫城，实乃城中城之城中城。以其为中心，皇城内有一条直通宫城御天门的大道。大道宽约二十六米，是为皇城之中轴，并与横向大道交叉，环绕宫城分割为四处建筑群。贵族之豪宅府邸与朝廷下属的重要官衙大都依宫城而建，其他三处均以商贸、旅栈、货运、乐伎、寺院、民居、作坊、酒肆等“各显其能”。正因如此，随着市

元上都皇城东墙遗址

皇城明德门

井建筑群的兴起，四城之内沿“中轴大街出现了许多大街小巷。四通八达，热闹非凡，绝不亚于中原历代古都” 。但还应指出，大元王朝是华夏历史上第一个由少数民族一统天下而称帝的王朝，必然在汲取农耕文明的同时努力保持着自己的民俗民风。比如，外城以及皇城之内，与官邸豪宅相邻的空地上就扎有不少蒙古包。很多蒙古臣将仍把华贵的宅院当“摆设”，宁可夜住毡帐方觉舒适豪爽。当然，围绕元上都城外还扎有层层的蒙古包或毡帐，不仅驻有大量的“怯薛”军（即禁卫军），外厢尚有从中东及南亚赶来的朝觐者及商旅驼队。农牧文明交融之特点处处可见，果不愧为大元王朝之草原都城！

至此，是该说到城中城之城中城了——

宫 城

此乃元上都核心之核心，筑于皇城正中稍稍偏北。宫城东西宽约五百七十米，南北长约六百二十米。城垣墙心由夯土筑就，外则由城砖砌成。城垣之上已筑有堞垛，四角更建有精美之角楼。典雅壮观！与外城及皇城相比，更具中原气魄和皇家威严。宫城开东西南三门，无北门。东门称东华门，西门称西华门，最重要而壮观的南门称御天门。御天门外尚有一朝贺的广场，绕宫城还有一条环城大道。既保证了宫廷的安全，又突显了皇宫的特殊尊严。而宫城内高大而精美的建筑群，布局却又显得有些游牧民族的“随兴”。宫城内主要有一条通向三宫门的“丁”字街，巍峨华美的殿堂宫室、亭台楼阁、召庙寺院、林苑湖榭，均随兴建筑于其中：一是朝觐的雄伟大殿，二是正殿前配置的宫廷平房，三是主体建筑为一殿两厢的“品”字形宫室，四是“工”字形建筑群，五是“阙式”建筑群……总之，元上都宫城内闻

元上都宫城

名于世的宏伟古建筑，仅在此一节道来恐难尽知其详，故另辟一节专门一一详述之！

不似幻境，胜似幻境……

宫 阙

据相关史籍记载，元上都之宫阙建筑就其风格而言大体分两类：一为以大安阁为首的中原传统结构型，一为以失剌斡耳朵为代表的草原民族风格结构型。从开平府到元上都历经数十年，规模日渐宏大，宫阙楼阁日渐增多。马可·波罗等均多有记述，称殿堂耸立，繁华无比，万方来朝，无不感叹元上都之雄伟与壮观。宫城之内宫阙建筑群数不胜数，故现仅选主要的分述于后——

大安阁 元上都宫城内最具代表性的殿堂之一，是元上都的皇权象征。高耸巍峨，数千里外即可遥见其伟岸之雄姿。然其深含意蕴不仅在于其高大雄伟，似更在于华夏历代王朝的传承关系。据史考，大安阁原位于宋金两朝之古都汴梁（今开封）宫苑之内，原称“熙春阁”或“熙春殿”。《宋史》称其“高二百二十尺，广四十六步有奇”。好家伙！竟高达七十多米，似古代的

元上都遗址复原

摩天巨厦。更为出奇的还在于，它通体由木制架构建筑而成，不用一钉一铁，用的是中原的榫卯工艺。但它却能在金亡之后，被忽必烈历经数千公里原封不动地拆迁于元上都之宫闱里。艰难的拆迁，水陆的运输，不能不说是华夏建筑史上的一大奇迹。大安阁作为草原都城的主要宫殿确实非常耀眼夺目，雕梁画栋，还有描金彩绘的长廊。从忽必烈开始，元朝历代帝王大都在此登基、临朝、议政、接受朝觐、举行国家大典。总之，大安阁乃元上都宫阙之首，其雄伟壮观令世人赞叹不已。难怪元朝诗人周伯琦诗赞曰——

大安御阁势岧亭，华阙中天壮上京。
层甍复阁接青冥，金色浮屠七宝楹。

水晶殿 元上都宫城中的建筑群里一处晶莹剔透的拱形殿堂。别具一格、设计精巧、构筑奇特，宛如水中跃出一朵水晶浮莲，故名“水晶宫”或“水晶殿”。依其风格而言，不似中原，却像来自西域中亚一带。据史载，与元大都宫城内之水晶殿极为相似。《元史》中记载，大都宫城内“有水晶二圆殿，起于水中，通用玻璃饰，日光四彩，宛若水宫”。大都如此，上都应当也不例外。长期生活于漠北高原的马背民族一贯耐寒畏暑，故而在入主华夏之后首先就会想到躲避夏日酷热的问题。为此消暑的水晶殿便应运而生了，先后出现在元大都与元上都的宫城之内，为元朝历代帝王消夏避暑、处理朝政、宴请群臣以及歌舞升平之宫阙。实属华夏建筑史上之奇葩，难怪留有元诗盛赞其曰——

一派箫韶起半空，水晶宫殿玉屏风。

诸生舞蹈千官贺，高捧葡萄寿两宫！

忽必烈登基（成吉思汗陵壁画）

奎章阁 当然，元上都宫城之内，其他宫阙尚有很多，诸如洪禧殿、钦明殿、寿宁宫等。而在这里再提一处别具书香气息的宫室——奎章阁，元顺帝时更名为“宣文阁”。这是一座厚重典雅的建筑，乃皇帝阅览史籍与讲经论学之处。该殿多藏秘籍，比如只有皇帝方可御览的“脱卜赤颜”——历代皇室之宫闱秘史，以及大量的档案文献及蒙汉文典籍。藏书之丰，史称“天下典籍尽囊其中”。这也象征着游牧文化的转型，由金戈铁马逐步过渡到与中原王朝文官体制接轨。故有元代诗人这样称颂道——

延阁图书取次陈，讲帷日月集儒臣。
黑池云台无光绚，东壁由来近北辰。

洪禧殿 元上都宫城内最华丽的宫殿之一，乃历代元帝与皇亲国戚及文武重臣酒宴之地。笙歌曼舞助兴，以示大元君王之皇恩浩荡。故也有元代诗人赞曰——

颇黎瓶中白马酒，酌以碧玉莲花杯。
帝觞余沥得沾丐，洪禧殿上因裴回。

忽必烈召见各国使节

棕毛殿　蒙古名为“失拉斡耳朵”，意为黄色宫帐。始建于忽必烈称汗时期，乃一巨大的毡围蒙古包形宫帐。棕毛殿与宫城内所有土木结构的宫廷建筑形成了鲜明对比，因其顽强地表现出游牧文化的传统而成为宫殿群中重中之重，又因其外部全都覆以棕毛，故又俗称“棕毛殿”。在宫城之内有唯我独尊之感，故蒙古皇族一切重要议事均在此议定，如忽里台大会（贵族大会）、皇位之传承、祭祖大典、国政大事之抉择等，甚

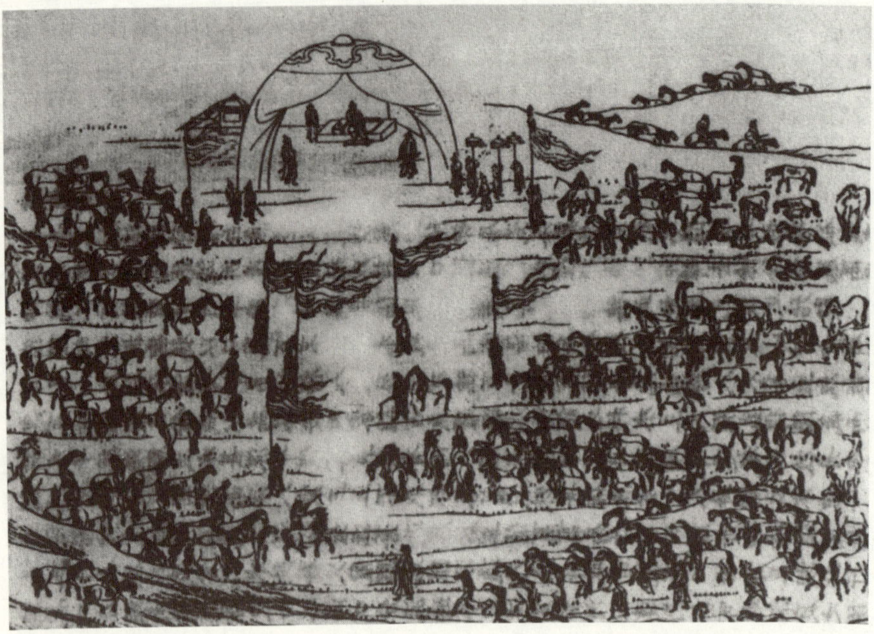

忽必烈的大帐幕

至连最具民族特色、豪华无比的“乍马宴”也必须在此举行。为此，一些后妃也将自己的斡耳朵（宫帐）扎于宫城，形成了中原文化与草原文化的融合。关于棕毛殿的形状，在《马可·波罗游记》中是这样描述的——

它是蒙古包式的大宫帐，外用木竹制架，围以白毡，并表覆棕毛，帐顶饰以织金锦缎，内有地毯和木桌等生活用具，建筑风格与帐内陈设极具草原民族特色。

庙宇

写完宫城内的宫阙之后，似乎应当另辟一节以专门叙述一番元上都的另一庞大建筑群了——庙宇！须知，庙宇建筑群早已突破了外城、皇城、宫城三重城，在这座草原都城里真可谓处处可见，而且尽纳儒、释、道、伊斯兰教等，甚至还有土地庙和城隍庙等。这说明蒙古民族胸怀之坦荡开阔，足以包容多元文化。在诸多庙宇之中，由于忽必烈结识八思巴而皈依藏传佛教，因此元上都的佛教召庙最多。诸如华严寺、乾元寺、开元寺，以及在宫苑内“日日焚香，夜夜诵经”的香火殿等。规模宏大，构筑精美。其中乾元寺竟是由当时闻名于世的尼泊尔建筑雕塑大师阿尼哥主持建成。其他中小寺院则更比比皆是，足见藏传佛教在草原都城信众之多。除佛教寺庙之外，由于成吉

汉白玉雕龙角柱

宫廷宴会

思汗在中亚接见过道教的长春真人，故元上都数量居第二位的便是道教的道观。诸如崇真万寿宫、长春宫、寿宁宫等，虽分属道教各大教派，但建筑规模相当可观。再次便是伊斯兰教的清真寺，专为来自西域的色目商人及臣众所建。更重要的是，在草原都城里首现的文庙。虽仅仅一座，但意义重大。1261年建城之初，忽必烈即下令“开平守臣释奠于宣圣庙”。1264年称帝后，又下令在元上都城东重建孔庙。重视之切，用意之深，已反映了蒙汉文化之交融与忽必烈一统华夏之雄心壮志。现仅录一首咏华严寺宏大之元诗，以见寺庙建筑群之壮观——

宝构莹煌接地青，行营列峙大晶莹。
运斤巧半攒千极，相杵歌长筑万钉。
云拥殿心团宝盖，风翻檐角响金铃。
隃知帝力超千古，创布端能动地灵。

行　宫

虽说元上都地处茫茫大草原深处，做两都之一的夏都够凉爽的了，又有富丽堂皇的宫阙楼阁和避暑的水晶殿，但忽必烈之后的元朝历代帝王却仍觉得憋屈。这是游牧民族的天性使然。他们受不了高墙壁垒，受不了宫室约束，从灵魂深处仍然向往着茫茫大草原上的一望无垠和自由自在。故而每年夏季来到元上都巡幸，似乎不仅仅是为了凉爽，而是为了放松和个性解放。为此，他们在元上都之西的茫茫大草原上另辟行宫，史称“伯亦斡耳朵”或“西内”。行宫大部分虽由大大小小的蒙古包组成，但也起名为龙光殿、慈仁殿、钦明殿、清宁殿

八思巴文字

等汉式名字。因国势强大，朝贡甚多，宫帐均覆以织金锦缎，缀以无数宝饰，故更显整个行宫金碧辉煌、光彩夺目，独显蒙古帝王之豪放风格。只可悲，元末诸帝竟日渐忘却祖先的创业艰辛，常乐不思蜀地沉湎于此寻欢作乐。美女如云、轻歌曼舞，甚至还出现了秽乱宫廷的“天魔舞”。正如色目诗人萨都拉诗中所写——

凉殿参差翡翠光，朱衣华帽宴亲王。

红帘高卷香风起，十六天魔舞袖长。

……

上述，便是从多种中外史籍中查找的元上都盛极一时之概况。请注意以下的一组数字：现遗址面积约二百五十一平方公里，包括城址、关厢、铁幡竿渠、砧子山墓群、一棵树墓群等。缓冲区面积约一千五百零七平方公里，涵盖了敖包群和传承至今的蒙古族敖包祭祀文化等人文景观。除此之外，尚有湿润地、典型草原、森林草原、沙地、戈壁等独具蒙古高原特色之景观在内的遗址环境，使元上都遗址具备极高的真实性与完整性！

真可谓：忆往昔峥嵘岁月稠……

抚今追昔！人们不禁要问：在一千三四百年前，是谁有如此气吞山河的气魄、海纳百川的胸襟、高瞻远瞩的目光，竟在茫茫大草原上筑起这处曾名震欧亚之古都？

那就必须从大元王朝的缔造者忽必烈大帝说起……

宴饮图

忽必烈其人

忽必烈，成吉思汗最钟爱的嫡孙。据史载，成吉思汗生前曾指其而预言曰：“他日其若居吾位，将如吾在生时之灿烂！”但令人大惑不解的是，这位被朝野尊称为“皇太弟”之人，在受其长兄蒙哥汗分封于漠南执掌军政大权之后，却面对着满目疮痍的幽燕大地忧心忡忡、举棋不定。不仅毫无一丝筑城建都之想，甚至还打算远去漠南最西端的新疆回鹘之地，以躲避汗廷对他的种种猜忌与怀疑。

何来如此沉重之忧虑？这就必须从其坎坷的前半生说起。

多舛的命运

按说，忽必烈自幼就受到祖父的钟爱，成吉思汗曾对他有过辉煌的预言，忽必烈应当一帆风顺、前程似锦。然而似乎恰恰相反，正如法国史学家格鲁塞在其《草原帝国》中所说："成吉思汗为子孙留下个地跨欧亚的伟大汗国，同时也留下了各皇族间无休止的权位之争。"虽然成吉思汗生前也曾为此费尽心机，甘愿有悖于"幼子守灶"的传统而立三子窝阔台为汗位继承人，却又把百分之九十的军权交予幼子拖雷。故有的史学家称，这等于是把汗位传给了三子窝阔台，却又把汗权交

忽必烈像

给了幼子拖雷。用心良苦，意在发挥兄弟俩各自之所长，齐心协力继承他那伟大的征服者事业。成吉思汗逝世后，一开始兄弟俩在贤相契丹大儒耶律楚材的辅佐下尚能齐心协力，但在乃马真·脱列格娜的擅权挑唆下便阴风四起了。拖雷极具军事统帅才能，襟怀坦荡，竟对此毫无防范之心。不料，就在其率军一举攻破汴梁（今开封）彻底灭掉世仇金王朝之后，御驾亲征的窝阔台大汗却在凯旋时病倒在草原途中。萨满作法，巫师驱鬼，“逼”得忠诚的拖雷替皇兄喝下那碗“辟邪巫水”。果然，窝阔台大汗活了，拖雷却因此不明不白地死了。时年将近四十岁，留下了四个儿子：长子蒙哥，次子忽必烈，三子旭烈兀，幼子阿里不哥。然而大祸并不因拖雷的神秘之死而止，一项更大的阴谋还在秘密地策划着——利用古老的继婚制传统，兵不血刃地吞噬拖雷家族和所有兵权。

阴险狡诈，专门对准了拖雷的遗孀索鲁禾帖妮！

伟大的母亲

帅星陨落，草原铁骑无不为之悲哀。然而，乃马真·脱列格娜却意犹未尽，继续挑动窝阔台汗必须斩草

除根。须知，拖雷虽然死了，但依祖制“灶主”的权威仍将由他的儿子们继承。后患无穷！如不趁势斩尽杀绝夺过兵权，后果将不堪设想。但斩尽杀绝又谈何容易，且不说少帅拖雷威信极高，就单论公然屠杀成吉思汗嫡孙之罪也必将引得“全民共讨之”，导致汗位难保。乃马真·脱列格娜，史称“六皇后”，因其独为窝阔台大汗生了三个儿子而极受宠信。不仅专宠于后宫，而且逐渐步入了权力的中心成为一系列宫廷阴谋的幕后操盘手。六皇后阴险狡诈，当然她绝不会“引火烧身，自毁

汗都哈拉和林

汗权”。为此，她一方面极力拉拢依祖俗早已入质于汗廷的拖雷十九岁的长子蒙哥，为其娶美女，建王府，宣称他将是汗位继承人之一；另一方面却暗中对拖雷的遗孀和她另外三个尚未成年的儿子，开始了“兵不血刃，斩草除根”的阴谋诡计。

其时，窝阔台大汗正在命汉族工匠营造一座都城——哈尔和林……

六皇后借众人的注意力皆投向汗国日渐完成的宫殿时，她开始对那悲痛欲绝的孤儿寡母动手了。首先是派出大臣强制调走圣祖分配给拖雷家族的军队，意在激起兵变从而使镇压“师出有名”。拖雷的部将义愤填膺，

汗都哈拉和林雕像

谁料拖雷的遗孀却出人意料而平静地说："天下本来就是大汗的，大汗要调配兵力是他所拥有的至高无上之权力！圣祖的子孙必须严遵《札撒》（成吉思汗钦定的法令），绝不允许任何人引发内战与分裂！"此言很快便传到了汗廷，不但使窝阔台大汗心有愧疚，而且使六皇后也似乎发现"这个女人不寻常"。但她贼心不死，最终想到了一个彻底消除拖雷家系的阴毒办法，即由大汗下旨，依古俗"继婚制"之传统，命拖雷遗孀下嫁于自己的长子贵由。表面看来，大汗对自己的弟媳关怀备至，不忍让她去受独守空房之苦。其实，只要拖雷王妃索鲁禾帖妮唯命是从，拖雷家族便会被吞噬了，拖雷的四个儿子也将跟着深陷于万劫不复之地。往日的皇兄皇嫂将变成自己的公公婆婆，往日的皇侄将变成自己的丈夫，往日的圣祖嫡孙将跟着自己终身蒙羞！总而言之，六皇后是要借此举让长子贵由全面接管拖雷家系的军队和王权。

形势岌岌可危，部众的眼神皆看向这位王妃……

谁曾想，索鲁禾帖妮面对汗廷的钦差，却依旧是那么平静和谦卑，竟然说道："我怎么能违背大汗的诏旨呢？"正当使者以为即将大功告成之时，索鲁禾帖妮却话锋一转慨然而言道："但我有一个愿望，要抚养圣祖这四个失去父亲的嫡孙，把他们带到成年和自立之时。我对拖雷的忠诚和责任是不可更改的，我会把圣祖的荣誉和伟业看得比自己的生命更重！”此大义凛然的回应一经传出，首先使作为质子的蒙哥彻底看清了六皇后之阴险毒辣，他毅然放弃了锦衣玉食，脱离汗廷回到了母亲身旁。同时，此事也传遍了草原汗国东西道诸王，大家均对伟大的母亲予以高度的赞扬和支持。至此，六皇后偷鸡不成蚀把米，而窝阔台大汗也因羞愧和悔恨更加沉溺于酒海之中。难怪稍后的波斯史学家拉施德在其大作《史集》中这样称颂这位伟大的母亲：“极为聪明能干，高出举世妇女之上。她具有最充分的坚定、谦逊、羞耻心和贞洁！”

有什么样的母亲就会有什么样的儿子，对于忽必烈来说，尤其如此。忽必烈尚不满十八岁就亲历了家族的不幸：父亲被害、母亲被辱、长兄入质、兵权被夺、王权被削、家族被吞噬等。据史载，由于长兄入质，两个弟弟年幼，在一次又一次的灾难面前，均是由忽必烈协助伟大的母亲出谋划策，巩固后方，化险为夷，探索拖雷家系未来的出路。史载，忽必烈由于接近汉儒，自幼即崇拜唐太宗，非常敬仰其身为大唐皇帝兼天可汗之伟绩。尤其牢记其一句话：思大有为于天下……也正因如此，他也开始思考成吉思汗的伟业当如何继承？地跨欧亚的伟大汗国当如何继往开来？应当说，在母亲以身作则的教诲下，他是第一位思考马背民族前途命运的成吉思汗后裔。

劫难，磨砺了他的意志，为他后来成就大业奠定了坚实的基础！

况且机缘终于来了……

哈拉和林宫殿根基

窝阔台

汗位的转承

这很可能是草原帝国最混乱的一个阶段。其时，伟大的母亲为避免黄金家族的进一步内讧，曾改派忽必烈入质汗廷以示对窝阔台大汗的忠诚。忽必烈也深知母亲之用意，在汗廷绝不谈兵论武，文质彬彬的似只是个“驻京办事处的主任”，颇令尚武的宗亲贵胄看不起。然而，他却在暗中积累了丰富的政治经验，并且掌握了汗廷的政治动向。

混乱始于窝阔台大汗晚年的纵酒直至死亡……

对这位帝国的第二任大汗的评价应当还是客观的。

窝阔台汗除了对幼弟执兵权太过防范外，在贤相耶律楚材的辅佐下也干了许多推进社会发展的好事。比如，建都哈尔和林，设立驿站，规范赋税，灭金，保留及引进中原文明等。只可悲！放任了六皇后的擅权乱政，竟使她在大汗辞世之后以“监国”之名专政达五年之久，致使草原帝国陷入了更大的混乱之中。后经黄金家族抗议才万不得已将长子扶立为大汗，即贵由汗。但六皇后仍想把他作为傀儡永为幕后的太上皇。谁料贵由汗的妻子海迷失深得六皇后真传早欲取而代之，故而六皇后在儿子登基后不久便莫名其妙地死了，也算恶有恶报。谁曾想贵由汗登基后却更不争气，不仅宠信海迷失任其擅权乱政，而且为报“长子西征”中受辱之仇，将目标对准了术赤家族的接班人——西征统帅拔都，竟然不顾圣祖伟业，意欲再次挑起皇族的内斗。行踪诡秘，多亏忽必烈尚留质于汗廷……

忽必烈深知，这是草原帝国的第二次西征，曾大败波兰和日耳曼联军于多瑙河畔，是蒙古史上辉煌的一页。统帅拔都是英明的，主将蒙哥是英勇的，唯有贵由汗因“耍大牌”贻误战机而受过谴责。贵由汗登基之后竟不思如何维护皇族荣誉，却要为证实自己的“一贯英明”而去对手足兄弟大动干戈。忽必烈得到消息后当即派出亲随快马告知母亲，同时也对混乱的现状做出沉痛的思考：再不能唯崇武力了，汗国现在更需要的或许是文治！

又多亏了伟大的母亲在扭转乾坤……

索鲁禾帖妮似乎比儿子想得还要早。为此，她早就为幼子阿里不哥请来了镇定名士李槃担任“讲读”，并默许忽必烈在草原藩邸招纳了第一批儒生。当然，她更不会怠慢快马传来的消息，随即便把长子蒙哥召至帐内相商。原本她对六皇后让步同意贵由汗登上大位，是一种策略性的交换，力求圣祖后裔间的相安无事。谁料贵由汗刚一登基就要在皇族间挑起内战，使黄金家族在世人面前颜面尽失。所幸在“长子西征”中拔都和蒙哥将

窝阔台汗国银币

帅间配合相当默契，从此老大哥和小兄弟便结下了深厚的情谊。听闻拔都的足疾又发作了，于是索鲁禾帖妮便命蒙哥以探病为名前去告知贵由汗的阴谋，而且不止一次，使术赤家族和拖雷家族逐渐成为命运共同体。

几乎与此同时，忽必烈在汗廷也接到了母亲的密令……

好在忽必烈在哈尔和林并不被文臣武将们看重，贵由汗和海迷失更把他视为一位没出息的宗王。也难怪！他从不交往贵戚猛将，府邸里仅收留了一些和尚、道士以及来自中原的落魄文人。故而他在汗都活动相当随性，朝野均无人对他加以防范。再加上他毕竟是最具实力之拖雷家系的代表，故而出入宫廷也相对自由。为此，他很快便完成了母亲交给他的秘密使命，源源不断地将贵由汗备战讨伐拔都的情况传回自家封地。

其实，在一片混乱中忽必烈已有了更大胆的设想……

不久之后，贵由汗果然敢于冒天下之大不韪，以全蒙古大汗之名义公然讨伐拔都了。但谁曾想拔都一方早有防备，自不量力的贵由汗大军面对英雄的西征统帅竟一触即溃。更可悲的是，这位昏聩的大汗竟在乱军之中莫名其妙地一命呜呼了。史书说法不一，有的说是吓死的，有的说是被义士杀死的……但确有史实证明，拔都为了黄金家族的荣誉没有继续扩大战果，而是“见好就收”。忽必烈看到，正义的力量明显地倒向了拔都一方，自己的家族将是最大的受益者。

然而，作为贵由汗寡妇的海迷失皇后却仍执迷不悟……

她竟学起了婆婆六皇后，在哈尔和林自封为大权独揽的“监国”。然而，她虽有婆婆的野心，却没有婆婆的手腕，就连自己亲生的两个儿子也控制不了。两子为争夺汗权，不仅在汗都先后建立了汗府，而且还先后投靠拔都欲获得这位最具实力之宗王的支持。乱了，乱了！在汗都哈尔和林，母子三人竟分立了三个“朝廷”，乱到草原帝国人心惶惶、几近崩溃的边缘。这时，忽必烈偶露峥嵘了，他开始游说于宗亲贵胄、勋将功臣之间，力主尽早召开忽里台大会以结束这种混乱不堪的局面。

一切均按伟大母亲索鲁禾帖妮的设计进行着……

忽里台大会即贵胄大会，依祖制新任大汗必须由忽里台大会通过。但也讲“正统”，一般由父逝子继。故而海迷失与两位嫡子并未反对，忽里台大会还是依祖制在汗都外的大草原上召开了。大多数宗亲贵胄均认为，如出意外很可能会出在拔都身上。因为他威望最高、实

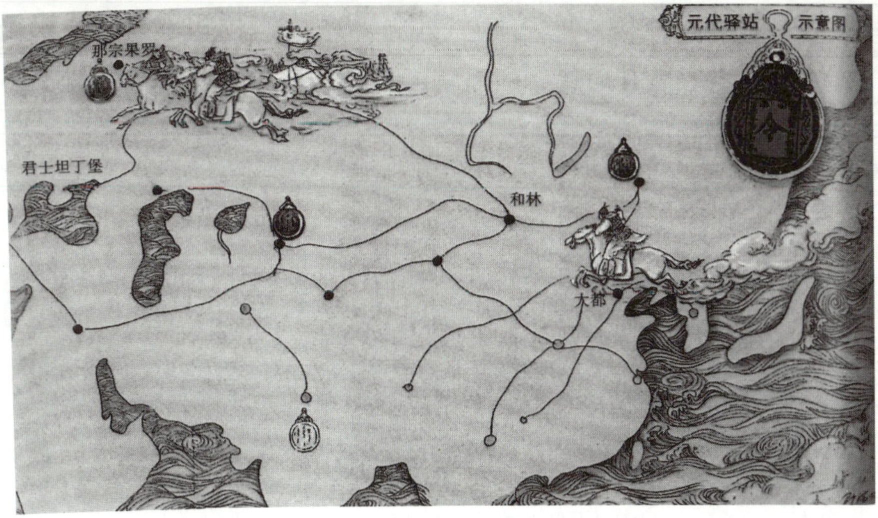

元代驿站示意图

力最强，若他当大汗虽不正统却颇孚众望。谁料这位英雄的统帅却当众慨然言道：“我已老了，而贵由的两个儿子尚且年少，国家怎么能交给两个孩子管理呢？我认为，依祖制‘幼子守灶’汗位当重归拖雷家系，当由蒙哥继任大汗！因为他不但具有统帅的资质，而且深谙圣祖治国的《札撒》。”拔都是带兵前来参会的，况且他所说的也句句在理，谁敢不从？在忽必烈的暗中组织下，蒙哥顺顺利利地登上了大汗的宝座。

只可悲！伟大的母亲在耗尽心血之后便追随拖雷而去了……

按说，在母亲辞世后，兄弟四人将相依为命休戚与共。尤其对忽必烈而言，更可借助身为大汗长兄的庇护而施展心中的抱负。但并非如此，若不然忽必烈受封来到漠南之后，也绝不会面对苍茫的幽燕大地变得如此战战兢兢。甚至为躲避是非竟打算远远驻跸于回鹘之地，借口休养生息以避免长兄的猜疑。

是忽必烈不忠不孝，还是蒙哥大汗不仁不义？

似乎均不是！若要说明其中的缘由——

应当先从蒙哥大汗说起。

刚毅的蒙哥汗

蒙哥汗，草原帝国的第四任大汗。登基之后果不负拔都统帅之期望，很快便以雷厉风行之势掌控了全局，不久便使混乱的汗廷重新走上了正轨。行事果断，作风刚毅，尽显一位杰出大汗的雄姿。

当然，在此阶段忽必烈也曾竭尽全力辅佐……

有史可考，兄弟二人此后所产生的矛盾似乎并不是什么人品问题。先说蒙哥大汗，史称他“不喜宴乐，律见甚严”“事必躬亲，理政常通宵达旦”“扬诸弟之所长，尤对幼弟关爱备至”……再说忽必烈，史籍也称他

蒙哥

“度量弘广，仁明英睿”“事母至孝，尤善抚下”“游说诸王，助兄为汗”……从上述史料来看，君臣之间均人品高尚，似难有不可告人的矛盾。那到底是因何而兄弟生隙的呢？

似必须从忽必烈的纳儒学儒开始说起……

须知，蒙哥汗自幼即作为人质由窝阔台汗代养，所受影响不同，具有强烈的草原中心主义思想。以身为蒙古人而骄傲，以继承先祖成吉思汗的传统而自豪。在他登上大位之后，更是言必称《札撒》，语必引《必力克》（成吉思汗语录），并且“驭臣甚严，稍有违背者皆严惩不贷”。忽必烈则在拖雷家族时便开始习儒纳儒，身旁常追随着一批三教九流的“怪物”。更有甚者，当蒙哥大汗于朝堂宣布国策：“唯崇祖制，绝不蹈袭他国所为”之后，忽必烈不但借口“可怜”养着那批“怪物”，甚至还引经据典地向他谏言辅以文治的必要。

破晓时的进击

实在是大煞风景，好在是私下的献策……

应当指出，蒙哥汗气恼是气恼，但还是颇念手足情深的。比如说，三弟旭烈兀骁勇善战，蒙哥汗给予充足的兵力命他去中亚和中东开疆拓土创建自己的汗国（即后来的伊利汗国）。再比如，对幼弟阿里不哥，蒙哥汗更是严遵祖制“幼子守灶”权，打算将来把汗位传给这位骄纵惯了的小弟弟。对忽必烈这位皇太弟，虽然分歧越来越大，矛盾越来越深，蒙哥汗还是将他分封于大漠以南执掌大权，促使他回归先祖尚武的传统，利用他为将来灭南宋先行搭桥铺路。就这样，忽必烈总算有了自己的封地，名副其实地成了一位藩王。

但刚到漠南的幽燕大地他就开始心灰意冷了……

一方面是因为漠南大地到处是战乱留下的满目苍凉，不施行汉法难以治理；另一方面是附近的执掌汉地大权的燕京行省、高官皆为大汗之亲信，自己的一言一行难逃其耳目。更重要的还在于，蒙哥汗一再严厉地告诫他：“唯崇祖制，绝不蹈袭他国所为！”话中有话，似含有严重的警示意味。忽必烈突然明白了，这不仅是借此将自己身旁这些三教九流的谋士通通逐出汗都，也是在借此考验自己是否心怀异志。这个藩王可真难当啊！背后大汗鞭长可及，面前尚有燕京高官监控。既然空有抱负难以施展，还不如远离这是非之地图个清静。

好在回鹘之地虽在大西端，却也属漠南管辖之范畴……

空有凌云志，难以得施展！最终，忽必烈长叹着无奈地做出了这样的抉择。这时多亏有一位长期驻守在汉地的蒙古将领出现了，不然此后的历史就得重新改写。

此人是谁，又有什么雄厚的背景？

且看忽必烈又将如何对待。

霸突鲁的谏阻

霸突鲁，乃成吉思汗开国勋将木华黎之孙。木华黎为圣祖手下“四杰”之一，不但骁勇善战，且极具政治智慧，后被成吉思汗钦封为“中原国主”，放手任其守卫及治理已被占领的中原汉地。此人果不负圣祖的期待，不仅善于利用汉世侯补充兵源之不足，而且尚保留了中原的农耕生产以支援成吉思汗的征服大业。而霸突鲁就是在其熏陶之下在中原长大的，作为汉地统帅，他早已熟知华夏历朝历代的故事。况且，他和忽必烈均娶了弘吉剌按陈王之女，也算是连襟，更容易一针见血地加以谏阻。

为此，他的到来使谋士们大大地松了一口气……

但二人的密谈均为尊者讳，绝不涉及当今大汗之功与过。霸突鲁仅据历朝历代的兴衰进言道：“幽燕之地，自古便是虎踞龙盘之地！地势雄浑，南控江淮，北连朔漠，且天子必居中受四方朝觐。宗王果欲经营天下，驻跸之所，非幽燕不可！”忽必烈一见霸突鲁便若有所悟：有圣祖钦准之木华黎治汉地在先，此即“唯崇祖制”也！前人开路，自己何不进而行之？故刚听完这番谏阻，即慨然言道：“非卿所言，吾几失之！”

皆大欢喜！若不然何来此后的元上都……

元人步射图

在忽必烈决定驻跸幽燕之后，由于历经战乱，仅有的一些城池也化作一片瓦砾。无可奈何，忽必烈只有在旷野里扎起一座由毡包组成的“王城”。虽很简陋，但由于忽必烈“贤王”之名在外，还是有许多大儒与名士前来投奔。如前朝状元王鹗，前朝进士就更不计其数。其他出色的谋臣与术士尚有刘秉忠、姚枢、郝经、赵璧，以及畏兀儿儒臣廉希宪、藏传佛教萨迦派传人八思巴等。因毡包王城地处原金恒州附近的曷里浒川，每逢夏季漫山遍野开遍了金莲花（野生金针科），故后人又把这处大儒名士会聚之地称为“金莲川幕府”。从此，忽必烈

元人骑射图

开始借“皇太弟”的特殊身份，放手在幽燕大地上施展他鼎新革故的伟大抱负。当然，他也准备为自己建筑王城，并命熟知天文地理的谋臣刘秉忠开始择地规划。

这就是尚处于梦幻阶段的元上都……

远征大理国

只可叹！蒙哥汗对这位大弟的“关怀”始终未减，仍力图将他改造成一位唯崇武力的军事统帅。1252年，为灭南宋欲先掐断其退路，特命忽必烈率蒙古大军南下踏平大理。为使皇家不失颜面，不但派出的全是精锐的铁骑，而且还派出能征善战的老将兀良合台——蒙哥汗从小的卫队长——为副帅以确保万无一失。由此不难看出蒙哥汗的用心良苦，为使初次用兵的忽必烈彻底转型真可谓煞费心机。但这也可称为“釜底抽薪”！金莲川幕府的主宰者远去征战了，留下的幕僚儒臣似失掉了主心骨。群龙无首，何谈推行新政呢？新筑的王城就更无从谈起。

其实不然！尚有他的王妃察必留守代为主政……

察必，弘吉剌部族按陈王之幼女，按陈王即成吉思汗发妻孛儿帖之幼弟。由于两个家族之特殊关系，窝阔

察必皇后

台汗时曾给予母亲的家族特殊的待遇：生男尚公主，生女为皇后！但为什么按陈王又把爱女嫁给了忽必烈呢？这必须从忽必烈的情史说起。忽必烈的第一个妻子娶于人生最低谷之时，是一位不起眼的小贵族之女，名叫帖木古伦。婚后两人感情甚笃，不料一年后妻子因难产而死。忽必烈为此悲痛欲绝，从此不近女色。或许正是由于这种原因，他引起了按陈王爱女察必的注意。不但因为这种现象在男性贵族中极为罕见，而且更发现他谈吐不凡颇具仁义之风。再加上按陈王颇具超前意识，早已聘任中原大儒教育子女。故一经有人暗中撮合，便成就了这段志同道合的姻缘。后来，为了政治结盟所需，忽必烈还听命蒙哥汗娶了另外两位王妃。据史载，忽必烈的后宫始终保持着四大斡耳朵，第一座永远是属于早已故去的帖木古伦的，第二座是察必王妃的，另外两座是居第三、第四的两位王妃的。在忽必烈受命统领漠南时，依祖制只能带一位王妃赴任，另两位似也只好留在汗廷作为人质。自然而然，忽必烈带走的是志同道合的察必王妃。在丈夫远征后，她挺身而出，严遵忽必烈临行所嘱行事，继续率领幕僚们在幽燕大地推行新政新法。

铁马金帐

事实证明，她果然极具政治才能和人格魅力……

南下远征大理的忽必烈果不愧为圣祖嫡孙！初次统率千军万马，便展现了他超凡的军事才能。为躲过江南宋军的层层阻击袭扰，竟甘愿爬雪山过草地历尽苦难。当面对固若金汤的大理古城时，他又放弃了凶悍的传统战法，采用了“不战而屈人之兵”的全新战术，最终以极小的代价取得完胜，致使大理国主不但开城请降，并劝说四周的一些城邦主动归顺草原汗国。更重要的是，这一仗使忽必烈在黄金家族中声威大震。贵族们似这才

夕阳西下的金莲川草原

发现他不是个窝囊的贤王，而是个深藏不露的天才统帅。就连蒙哥汗的亲信老将兀良合台也对这位皇太弟指挥千军万马心服口服，致使蒙哥汗竟开始怀疑自己的这种“急于改造”是否过了头？

所幸忽必烈把所有的战功均归于大汗的圣明……

依祖制，藩王完成了大汗分配的攻城略地任务之后才能重返自己的封地，而忽必烈在汗都经过种种考验后总算回到了金莲川。当见到察必王妃代自己推行新政新法大见成效，心情激荡更欲大展身手进一步施展抱负了。远征大理使他在幽燕大地声誉日盛，故而他推行“汉地汉法”已少有人敢于阻挡。当然，忽必烈尚须打着皇兄的旗号，对外声称此乃为实现大汗灭掉南宋的雄心壮志在铺路搭桥。

就这样，修筑漠南王府的计划重又推上了日程！

但绝不敢称“都”，只命名：开平！

刘秉忠早择好了风水宝地：龙岗……

先有开平城

史载：先有开平城，后有元上都！有史可考，漠南王城之主要的择地者兼设计者，是忽必烈最信任的谋臣刘秉忠。刘秉忠，原名刘侃。本是一名和尚，精通诸子百家之要义，天文地理无所不知。元代的大科学家郭守敬即其入室弟子。后被忽必烈敕令还俗，并许以大儒窦默之女为妻。还俗后，忽必烈因其忠贞，遂赐改名为：刘秉忠。

占卜吉凶，择地龙岗，显然有更深层次的用意……

龙岗，地处原金桓州以东，滦河以北，金莲川之附近。史载，此地“龙岗蟠其阴，滦江经其阳，四山拱卫，佳气葱郁”“欲建王城，非此莫属”。然而地处茫茫草原深处，必多积水沼泽之地。为取其吉祥之兆，建城前就必须先行排水，并由工匠们填以石头和碎砖阻断水源，而后熔锡灌注加固，再在上面覆以石板，最终在石板上筑城池和王府宫阙。据史载，忽必烈在南征凯旋之时，对建筑漠南王城特别在意，曾先后任命董文炳、贾居贞、谢仲温等监督工程的进展。因成千工匠民夫大多来自于汉地，他还任命近侍谢仲温为工部提领，并赐予大梃，曰：“汝但执梃，虽百千人，宁不惧汝耶？”

但开平府仍不具备都城的规模……

这就是说，元上都并非一朝一夕建成的，而是在忽必烈称汗之后才开始以皇城规模一步步扩建而成。如闻名于世的皇城主殿大安阁，也是在忽必烈称帝后才由汴梁拆迁重组于元上都的。初建时的开平王城，是由刘秉忠按典型的汉式宫廷设计营造的。史载，此乃忽必烈“思大有为于天下”的又一有力的举措！既可北连朔漠，又可南控汉地，且可对名人能士产生巨大的号召力，故而来投者日众，金莲川幕府随之竟成为忽必烈在幽燕大地之决策与施政中心。

历经三年，开平王城已渐近完工……

但有一利就必有一弊，正当忽必烈为皇兄蒙哥汗灭南宋“铺路搭桥，推行新政”之时，却也无形中得罪

元上都遗址

了燕京诸地的蒙古贵胄。一方面是因为新政影响了他们的横征暴敛，另一方面是因为他们认为忽必烈“违背祖制，倒向汉人”。

随之，快马密报便不断送入了汗都哈尔和林……

当然，建造开平府便成了他们主攻的对象：修筑汉都，欲作汉帝！其实，在筑王城之前，忽必烈曾面禀并征得过蒙哥汗的同意。故而他并未放在心上，仍全力以赴地为皇兄灭南宋铺路搭桥。谁料在蒙哥汗眼中，王城却成了货真价实的罪证……

就在忽必烈正欲搬进开平王城时，风云突变！

一位骄横的悍臣出现在金莲川——

奉旨彻查忽必烈……

王城引祸端

是有些突然，但在华夏历朝历代的历史上早已屡见不鲜。如忽必烈所推崇的一代明君唐太宗，就曾在争夺帝位中杀兄诛弟。

面对最高的权力地位，是绝无什么手足亲情可言的……

况且执掌草原帝国皇权的蒙哥汗之父，就惨死于这种宫廷暗斗的阴谋诡计之中。因而，史载“刚明雄毅”的蒙哥汗就算够“手下留情”了，一开始只是为“唯崇祖制，绝不蹈袭他国所为”而在纠偏这位皇太弟，目的在于在诸王中整体提高拖雷家族的皇权地位。故而他对忽必烈仅限制其纳儒习儒，甚至为使其“由文转武”而命其南征大理国等。这一切，均是可以理解的。而可悲的却是事与愿违，自己不但没有“驯服”了这个自作主张的皇太弟，反倒使他“一战成名”，成了威震四方的军事统帅。

大大出乎蒙哥汗的意料，但为何仍对其“放任自

马鞍

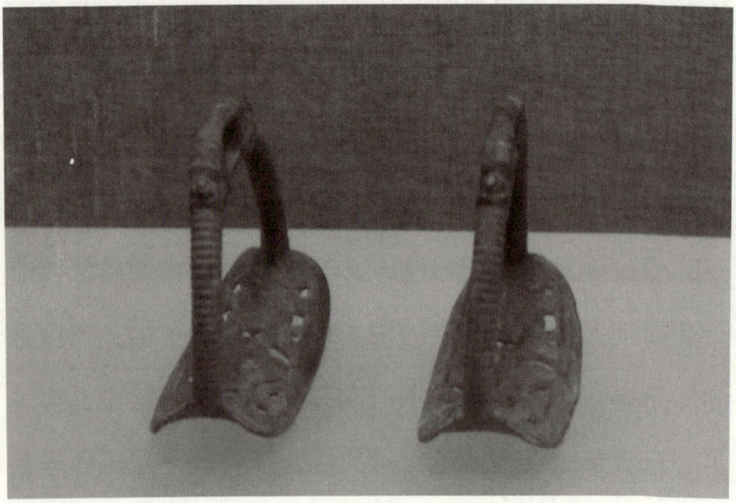

铜马蹬

流”呢?

要想说明这一点，就必须先承认蒙哥汗刚明雄毅！表面看来他是“唯从祖制”，其实他也在“与时俱进”。他早已在内心同意了忽必烈的一个观点：欲称霸天下，必先灭掉南宋。因为这里无所不有，积天下之大半财富……为此，他隐忍了忽必烈之种种“出规”做法，任其统领漠南在幽燕大地施行新政新法。虽然说统治汉地的蒙古贵胄已多有不满，但蒙哥汗却能以超然的态度而待之。一方面对外展示皇室内部的精诚团结，另一方面却在暗中准备金戈铁马以待来日亲率大军踏平南宋。既然要做一统天下的超级大汗，那就必须深知“借力发力”之要义。

但随着弹劾奏章越来越多，他对忽必烈也越来越警惕……

更重要的还在于幼弟阿里不哥时时不忘火上浇油！他深知自己论文论武均不是忽必烈的对手，故而为了能确保继承汗位便大肆挑拨离间，完全不顾手足之情，在哈尔和林组织了一批死党极尽造谣诬陷之能事。好在蒙哥汗在很长一段时间内尚能沉住气，任忽必烈“不遵祖制”而在黄河以北推行新政新法。历经数年已成果极丰：不但各路汉世侯都率兵矢忠汗廷，而且也结束了中原的乱象，都称颂“大汗圣明”。兵精粮足，亲率金戈铁马踏平南宋的时机业已成熟。当然为突显唯一的“超级大汗”，忽必烈就必须销声匿迹了！

随之，钦准的开平王城便成了“图谋不轨”的罪证……

忽必烈尚未搬入，蒙哥汗已派出以阿兰答儿为首的一批悍臣前来钩考了。钩考，即派钦差前来兴师问罪。阿兰答儿不仅是蒙哥汗的亲信，还是阿里不哥的死党。他为人残酷无比，乃汗廷最顽固的守旧派，史载其“擅作威福，乘势横暴”，故而他一到忽必烈就等于被夺了权。好在蒙哥汗念及皇家颜面，只给忽必烈加了一个类似“收买人心”的罪名，只命阿兰答儿彻查“王府诸臣多擅权为奸利事”，意在将忽必烈身旁的智囊和谋臣尽量剪除，使其沦落为一个“光杆亲王”以绝后患。

忽必烈已不能再进开平王城，只能仍居毡帐……

一时间，原本欢腾热闹的金莲川，变得冷冷清清凄凄惨惨戚戚。新筑的王城上空更是阴云密布，似有黑云压城城欲摧之势。阿兰答儿不但凶悍而且狡诈，偏让忽必烈先受孤寂和委屈的煎熬，国时分派悍臣赴各地去剪除这位皇太弟之羽翼。其手段残酷无比，常将被钩考者械系于烈日之下酷刑暴晒，“顷刻之间，人即毙命。被威逼折磨而死者，多达二十余人”。忽必烈虽有察必王妃守在身旁共历患难，但每闻幕僚惨死还是悲痛欲绝。这时，重要谋臣姚枢私下进言：“当以儒家君臣大礼，主动恳请觐见当今大汗。如若圣上尚有猜忌，可先遣察必王妃返回汗廷永作人质。绝不能久拖不决，那等于坐以待毙！”

忽必烈闻之恍然大悟，决定依姚枢之策而行……

但蒙哥汗依然觉得给其“教训”不够，在察必带儿子真金自行返回汗廷甘当人质后，仍然对忽必烈的一再恳请觐见大汗提出了极为屈辱苛刻的条件：不能带自己

元代夜巡牌、玉颅顶

卫队的一兵一卒，只允许乘驿站普通的驿车前来觐见，并且不在汗都，而是在另一戒备森严的贵族封地。

史载忽必烈“度量弘广”，也多亏了他能屈能伸。

蒙哥汗绝没想到自己的皇太弟能受如此屈辱而来，并发自内心对自己诚惶诚恐地行了面见圣上的君臣大礼。看来经过这次钩考，他已被折磨得两眼深陷、面容憔悴，哪还像个曾经叱咤风云的宗王。毕竟是手足亲兄弟啊，进帐后竟然默默无语，只有久久相望，两人眼中均溢满了泪水。此时无声胜有声，忽必烈也不失时机地呈文撤销了自己在汉地的一切机构，并欲主动自废漠南藩王之位。而蒙哥汗也有大度之举：不但严拒长弟自我削藩之求，而且当下令阿兰答儿停止钩考，只收回了黄河以北所有统治汉地的权力。

其实，杀鸡给猴看就是为了最后这一“收回”……

忽必烈手下的大批儒臣与谋士侥幸逃过杀身之祸，但由于忽必烈被困草原似也只能树倒猢狲散了。据史载，这位皇太弟虽仍保有藩王称号，但早已被蒙哥借疗养之名软禁于一处具有温泉的草原上。权力面前无亲情，忽必烈正由“贤王”逐渐转为“闲王”，直至最终成为一名“废王”。

元代玉壶春瓶

开平王城空悠悠，只任荒草遍地丛生……

但蒙哥汗却心怀“超级大汗”梦，开始调动各封国的金戈铁马欲御驾亲征灭掉南宋了。征服天下最富庶之地，称威震天下最大之王！蒙哥汗最终钦定了三路大军：由东道宗王塔察儿统率东道兵马，由东面直逼长江围困鄂州（今武汉）；由兀良合台统领留驻云南大理之兵马，由南向北进行包剿；由自己亲率西路军金戈铁马，就近由甘陕直插四川施行“掏心战术”。最后，三路大军将会师于南宋国都临安（今杭州），一举完成那超越前人的大汗梦！为此，蒙哥汗还特别任命幼弟阿里不哥留守汗都担任“监国”，在他远征之时代行汗权。而对待忽必烈却欠缺兄弟间的信任了，继续把他留在草原上那温泉旁“疗养”，如此重要的军国大事竟完全是背着他策划启动的。

这使忽必烈陷入了进退两难的境地……

若假作不知，如有万一，自己将背负不忠不义的罪名；若自己主动向大汗尽表忠心，又恐其怀疑自己欲借此“东山再起”。忽必烈与察必王妃几经商议最终决定：原地不动仅上一函。大意为“弱弟乞求成为灭宋马前卒，甘愿为大汗伟业粉身碎骨肝脑涂地……”据说，蒙哥汗见之尚感欣慰，却仍置之不理，并对忽必烈没有任何回复。

弃若废纸！谁知日后竟有翻转乾坤之用……

此时的蒙哥汗仍雄心勃勃，盖世之功岂容他人染指？1258年，蒙哥汗统率无数金戈铁马西渡黄河，拉开了亲征南宋的历史大幕。这也是也客蒙古兀鲁斯（大蒙古国）前所未有之举，也是第一次大规模全面征服南宋的军事行动！

忽必烈似被遗忘，仍被留在空旷的草原上。

何能再“思大有为于天下”？

剩下的似只有绝望……

历史大拐点

旌旗猎猎，铁骑奔腾！据史载，灭宋之战一开始还是捷报频传旗开得胜的。尤其是蒙哥汗亲率的西路军更是“悍将如云，谋臣如雨”，金戈铁马攻城略地真可谓势如破竹、锐不可当。很快他便过关斩将攻入四川，强渡嘉陵江，直逼南宋在四川的军事大本营——重庆！只要拿下这军事要塞，便可顺江而下直捣临安。再和东路军与南路军三面夹击，灭掉南宋、征服华夏就唾手可得了。如果这样，忽必烈将彻底成为“废王”，开平王城也将彻底沦为“废都”！

但天有不测风云，历史的变幻往往也是这样……

正当蒙哥汗节节胜利马上实现“超级大汗”梦之时，东南两线传来的战况却令人十分沮丧。南线是兀良合台所统领的原驻军和蛮僰军，因力量单薄而北进缓慢。尤令蒙哥汗气愤的是，由塔察儿统领的东路军虽兵强马壮，却因指挥不力而在荆襄一线败退下来。而自己眼下也碰了一个大钉子，即三面环山且临水之钓鱼城。居高临下，巨石砌筑，拼死抵抗，就是不降……风云突变，竟使雄心勃勃的蒙哥汗一时陷入了困境。尤其令他困扰的是东路军的溃败，显然是因自己选帅不当而使从无败迹的列祖列宗蒙羞。此时，多亏了帅帐里的文臣武

急速递令牌

将提醒，近日里又有一封皇太弟请战的呈函。不言而喻！蒙哥汗也就顺势而为，借口其“足疾已愈”急召其赴东线统领千军万马，跨长江、围鄂州，对南宋形成两面夹击之势！

众皆欢呼圣明！这完全得益于南征大理突显的统帅才能……

忽必烈终于绝处逢生了，当然不会放弃这难得的复出机会。随即只带察必王妃与王子真金连夜直奔开平

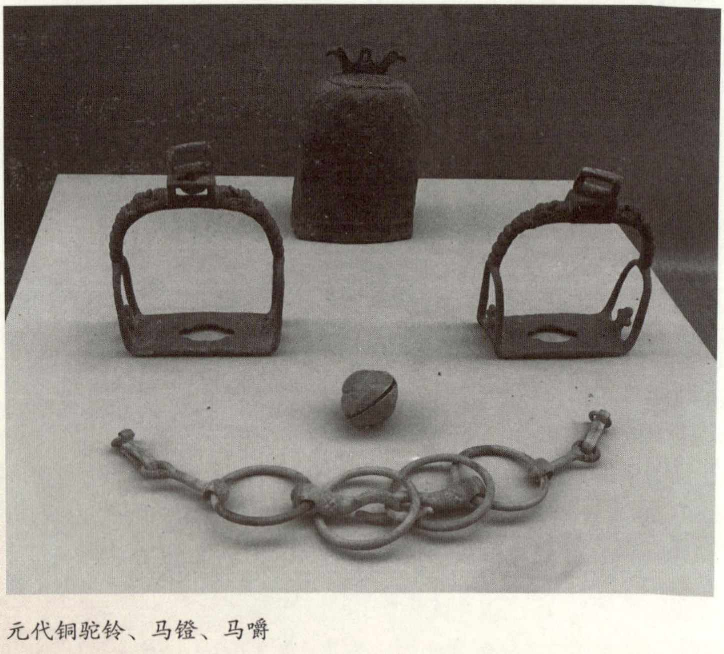

元代铜驼铃、马镫、马嚼

王城，生怕皇兄变卦。这回“废都”不废了，闻讯赶来的谋臣旧部均又会聚在忽必烈驾前。而这位皇太弟行事果然极具魄力，刚把开平城作为后方军事基地交由察必王妃主持，便率主要谋臣姚枢、郝经、廉希宪等飞奔前线。当然，以塔察儿为首的东道诸王也巴不得他能到来，以借皇太弟的统帅才能为自己挽回一些颜面。果然，忽必烈的到来不仅使东路金戈铁马军心大振，而且也吸引了霸突鲁等中原勋贵及主要汉世侯率兵前来助阵！

文韬武略，忽必烈也尽显其软硬兼施的指挥才能……

他深知，襄樊易守难攻，先取两地为战略上的重大失误。故在自己统军后有意绕过了襄樊，直逼江汉。除大军压境之外，还对攻夺之地“宣示恩信，招纳降附，严禁屠戮，建立地方政权”。其采用的是“稳扎稳打”之策，却谁料进展神速，很快便强渡淮河，不久便攻入大散关。随后又进抵黄陂，逼降山寨守将，最终拿下了五关之首——虎头关，至此已全线突破宋军的淮西防线，忽必烈统率的大军已逼近长江北岸。

正当此时，西线却传来个惊人的噩耗——

蒙哥大汗于钓鱼城下被飞石击中猝死了，顿使猛将如云的西路军军心大乱。按说，早有蒙古将领进谏蒙哥汗："不必在乎一城一地的得失，当绕过钓鱼城而直取重庆！克之，此城则自亡矣！"而蒙哥汗却不从，竟要严遵"攻必克，占必胜"的先祖传统，绝不允许钓鱼城给蒙古铁骑留下一丝污点！烈日暴晒之下，蒙古大军本来就喜寒苦暑，他却还要亲临钓鱼城下督战监军。最终被石炮炸碎的飞石击中，于帅帐之内不治身亡。难怪后世的史家称蒙哥汗"不改陈规，不思变通，逞匹夫之勇，以身殉阵，乃张千金之弩，为鼷鼠而发"。

毕竟是一母所生，忽必烈闻之还是悲痛万分……

此时，随蒙哥汗西征川蜀的同父异母兄弟末哥，也

赛马

由西线连夜疾驰赶来报告消息。末哥称川蜀万千铁骑已群龙无首，各路将领已作鸟兽散趁乱撤军北归。他若有所指地向忽必烈建言：当火速北归，以定国家大计……谋臣战将们均知末哥建言之深刻蕴含……显然，末哥是看不起自称少汗的阿里不哥的，也在为草原帝国的未来忧心如焚。

但大出意料的是，忽必烈竟当众慨然拒绝了……

也难怪！“思大有为于天下”是他的座右铭。他深知，大汗之猝死，西路军之溃退，这是自圣祖开国以来前所未有的，已使黄金家族蒙上了奇耻大辱。如果率东路军急返汗都，那就等于输于南宋全线溃退，更使成吉思汗的盛誉严重受损。即使北归夺得大位，面对的也将是一个分崩离析的草原帝国！

为了拖雷家系的尊严，暂时只能进攻，绝不能后退……

随之，忽必烈毅然决定：严禁外传，对南宋全面封锁大汗猝死之消息，并以此噩耗激励全军同仇敌忾。次日即挥师突破了长江天堑，不久又围困了南宋的江防重镇鄂州，使早已腐朽的南宋朝廷闻风丧胆、人心惶惶。同时，忽必烈还派出猛将南下去接应兀良合台，西插去收拢重组西路军。一时间深入江南腹地搅得南宋江山大厦将倾，从而将大汗猝死的影响降到了最低，草原铁骑战无不胜，威望又提升到最高。而此时南宋荒淫无度的皇帝宋理宗早乱了方寸，只好派一代奸相贾似道前来谈判乞和，称只要“北朝不进，我朝愿岁贡银十二万两，绢二十万匹，唯求割江为界……”忽必烈闻知尚在犹疑不决，似欲乘胜直取临安。而重要谋臣也多有劝谏，力促他乘胜北归，以防汗位旁落。

忽必烈深知，此乃指幼弟阿里不哥，但仍然举棋未定。

关键时刻，多亏有一位快马急使来到了帅帐！

来自幽燕的开平王城——

察必王妃？

定鼎开平城

察必，一位极具远见卓识与政治智慧的女人。她不仅是忽必烈最宠爱的王妃，而且也是最重要的贤能助手。忽必烈无论是远征大理还是跨江攻宋，总是把她留在王城处理后方的一切政务。她是一位不可多得的杰出的蒙古族女政治家，难怪《元史》在历代后妃中对她评价最高。

尤其这次派快马急使跨江进谏，更为中外史者称道……

史载，没有察必王妃坐镇开平王城，忽必烈是很难马踏江南大展雄威的！须知，王城北临阿里不哥掌握的汗都哈尔和林，东临不远的燕京也是由其亲信掌权在监控王城。而非高人绝对难以应对层出不穷的意外，何况她还得筹措粮马物资源源不断地供应前线。

眼下汗廷似乎也得知了大汗猝死阵前的消息……

据史载，阿里不哥确实得到了对他关爱备至的长

大元六字龙纹碑

兄之死讯，但似缺少悲痛而更多的却是庆幸。在暗暗庆贺自己即将登上大位之余，也在指挥死党消灭自己最大的潜在对手——为汗国力挽狂澜的二兄长忽必烈。他已派出悍将阿兰答儿带兵窥视开平王城，欲勾结燕京死党伺机直捣忽必烈的后方基地。更派出一批猛将凶兵，欲由陕甘中原汉地截杀忽必烈，迫使他难以北返草原。在阿里不哥看来，依古制只要忽必烈难以回归汗都哈尔和林，他就自动丧失了争夺汗位的权力！

所幸忠勇的王城卫士首先粉碎了阿兰答儿之阴谋……

汉白玉角石

知夫莫如妻，察必王妃是深为了解忽必烈的。她深知，他为了维护马背民族的尊严，为了力挽草原帝国的荣誉，似只顾激战江南而忘了“后院早已起火”。必须力谏他“见好就收，火速北归”，以凯旋大军之威名一举“收拾乱河山”！为此，她不但在谏文中详述了后方出现的种种诡秘的军事布局，而且用密语写了一封只有夫妻间才能看懂的密信。这是蒙古民族民俗所特有的，现据史籍的解析抄录于下——

大鱼的头被砍断了，在小鱼中除了你和阿里不哥以外，还剩谁呢？你回来好不好？

据史载，忽必烈阅后颇为震惊。因为此前重要谋臣郝经早已上书指出，大意为攻下鄂州非一日之事，而阿里不哥已在后方处处布局“行皇帝事矣”。若不接受南宋之“纳贡乞和”，日久必将腹背受敌，最终便是“欲得归乎”。侍臣董文用等也曾“一日三谏”，力主先北返登上汗位，然后再“遣一偏师，即可了结江南事”。而刘秉忠则更用“卜筮之术”来打动忽必烈。

最终还是察必王妃的信使和密函起了助推作用……

忽必烈当即决定接受贾似道的“纳贡乞和”之议，

随之便火速撤兵长江北岸。又命霸突鲁统领各部佯装驻军等候岁贡之纳齐，自己则仅带数名亲信谋臣勇将连夜潜行北返。而阿里不哥竟把忽必烈当成“财迷”了。当他惊觉之时，忽必烈已顺势拿下燕京回到开平王城了！当他欲采取手段应对时，谁料霸突鲁竟也神出鬼没地突然率领大军出现在开平城外。此时阿里不哥手握的资本越来越少，唯一尚可自慰的是“草原中心主义”，依祖制不在汗都哈尔和林召开忽里台大会就无法称汗。

但他没有想到，察必王妃远比他具有政治远见……

就在忽必烈潜行北返的途中，她已派出使臣赴东西道诸王及贵胄勋将中游说。而在忽必烈归来后，又与

2012 年 6 月 29 日世界遗产委员会将元上都遗址列入《世界文化遗产名录》

霸突鲁、廉希宪、郝经、姚枢等重臣力谏忽必烈绝不能墨守成规。阿里不哥乱政，能重新振兴汗国即为最大的“唯崇祖制”。随之而来的便是以塔察儿为首的东道诸王，以哈丹、阿只吉为代表的西道诸王等，均会聚于开平城外滦河畔的大草原上，破例在汗都哈尔和林之外召开了忽里台大会，一致推举忽必烈为也客蒙古兀鲁斯第五任大汗。

1260年，忽必烈正式登基，时年四十六岁……

沿华夏历朝历代之规：建年号中统（中华开统），立国都开平（也称上都）。在前金状元王鹗代写的诏书中，首次承认草原汗国过去“武功迭兴，文治缺失”，并提出“鼎新革故，祖述变通”以适应新的形势。虽仍沿用旧的国名，但可以看出他正在融合蒙汉之二元文化，为入主华夏建立一种适应游牧和农耕文明之新政体。中统五年（1264年），改年号为至元。初见端倪，但也能柔性地度过这一磨合阶段，直至至元八年（1271年）十一月，才发布了建大元国号的诏书。大元，取自《易经》“大哉乾元”之义，以代“也客蒙古兀鲁斯”之旧称。

至此，开平王城才真正成为名副其实的元上都……

在这漫长的十年中，忽必烈不仅展现了此类“文韬”，更重要的还在于，依托元上都他也充分展示了自己的“武略”。仅以和阿里不哥争夺汗位来说，就历经了“南北对峙”“泰陇鏖战”“亲征昔木土”“幼弟归降”等，以及平定了几乎同时发生的汉世侯“李璮之乱”。致使原汗都哈尔和林逐步沦为一座“废都”，而原开平王城则由于地位越来越显赫而成了举世瞩目的元上都。在忽必烈一统华夏，成为历史上的“少数民族第一帝”之后，元上都在元王朝历史上的重要性却丝毫未减。虽后来又定燕京为“元大都”，但“两都巡幸”制却使得元朝皇帝每年仍有大半时间在元上都。

民族交融的草原都城，举世瞩目的建元帝都……

史载：没有忽必烈，就没有元上都！的确如此！它随大元王朝之生而生，也随大元王朝之灭而灭！但只要忽必烈大帝的历史伟业名垂青史，那元上都即使仅存遗址也值得后人永远凭吊。

果然举世都难以忘记的元上都遗址，被列入《世界遗产名录》……

当然，为了说明元上都的来历，就必须先讲清它的缔造者坎坷的前半生。息息相关，否则就很难理解草创的王城为何能在茫茫大草原上崛起！

但在元上都到底发生过哪些历史事件？到底还有哪些逸闻趣事？

啊！梦幻中的元上都……

元上都大事记

在中华民族的历史上，是不乏少数民族在华夏大地上建国称帝的事例的，如辽（契丹）、金（女真）、西夏（党项）等莫不如此，只不过这些王朝顶多只占领半壁江山而已。在大元王朝之前尚未有哪个少数民族一统天下而称帝，而忽必烈却做到了。他不仅结束了近六百年的藩镇割据，而且成为重新使华夏大一统的“少数民族第一帝”！

而元上都正是大元王朝的发祥地！

忽必烈正是由此一步步地走向成功——

大事记！

登基与乍马宴

前面已经讲过，忽必烈是在元上都登基称汗的。据史载，当时的元上都并不具备“外城、皇城、宫城”三重城之巨大规模，宫室王府尚难满足召开忽里台大会之需。好在会场安排在城外滦水之滨的大草原上，大帐林立颇具马背民族之古风。

但忽必烈的称汗诏书中的某些内容似有些“有悖祖制”……

比如，竟称前人“武功迭兴，文治缺失”，进而提出将要“祖述变通，鼎新革故”。明摆着是与蒙哥汗诸策背道而行，难道各路蒙古宗王与贵胄勋将皆能同意吗？

这就必先说说参加这次忽里台大会的宗亲贵胄的背景……

忽必烈铜雕像

据史载，因以塔察儿为统帅的东道诸王曾溃败于襄樊，后多亏有忽必烈统军“跨长江，困鄂州”才总算挽回了自己的荣誉。故而东道重要的宗王悉数来了，而西道诸王中仅来了些仰慕忽必烈的年轻贵胄。更重要的还在于，东道诸王的领地大多接近农耕地区，受中原文化影响日深，因而和忽必烈“颇有同感”，竟也一致赞同“祖述变通，鼎新革故”之大政方针。而西道宗王处于少数，且也愿看忽必烈如何“鼎新”，故而也未“徒劳无功”地表示异议。

正是这篇诏文，开辟了直通大元王朝之路……

更何况！忽必烈尚有贤能的察必——史称“大元王朝开国皇后”——为内助，除了大政方针之外，她力主在这次忽里台大会上仍要大力展现“先祖遗风”和“草原野风”。因为这是蒙古贵胄选汗的大聚会，绝不能让各路诸侯把忽必烈视为数祖忘典之辈。故而她亲自操持东西道诸王的饮食起居，无处不尽显古色古香的蒙古特色。比如，主会场的巨大棕毛金顶汗帐就扎在郊外滦水之畔的茫茫大草原上，它的四周便是各路诸侯的王帐和帅帐。每当夜晚堆堆篝火燃起，四野人欢马叫，酒歌狂放回荡。恍恍惚惚，朦朦胧胧，使人仿佛置身于梦幻之中。难怪提出前人从未有过的建年号中统（中华开统），立新都开平（即元上都），均未引起宗王贵胄之任何猜忌。

尤其值得一提的是那更具民族风情的乍马宴……

乍马宴，乃蒙古民族饮食文化发展到最高潮时之代表作，是在金顶汗帐里摆开的最重要之大宴，但却只有一道“大菜”。只要这道“大菜”被抬进来，就足以令在座的宗王贵胄都“感叹不已，受宠若惊”。那些儒臣儒将更是目瞪口呆：大！好大呀……到底是怎样一道“大菜”？据《鞑靼纪事》载，其实这道“大菜”乃：骆驼肚里要塞一只牛犊，牛犊肚里要塞一只全羊，全羊

乍马宴

肚里要塞一只天鹅，天鹅肚里要塞一只野鸭，野鸭肚里要塞一只鹌鹑，鹌鹑肚里要塞一只肥雀，肥雀肚里要塞一只真正的金蛋……当然，事先需经博儿赤（即御厨）宰割、去毛皮、精心套制，然后再烹煮烧烤而成为一道巨大无比的美味佳肴。“以一代全”似只有马背民族才有如此气魄，故唯有盛大的国宴上才偶忽展现。如今气度弘广的忽必烈登上了大汗宝座，当然会用乍马宴来宴请各路功臣了！

但乍马宴并不由大汗主宰，看的是新任大哈敦（即皇后）的机敏……

须知，这在蒙古民族的饮食文化中是颇为讲究的。按传说，巨盘中香味四溢的肉食，哪个部位该敬长者，哪个部位该敬功臣，即使同为功臣先敬谁后敬谁也必须深思熟虑。一旦做得不够周到，很可能就会引发贵胄勋将间的喧闹争斗……为此，就连儒臣汉将们也为这位贤良的大哈敦深感不安了。要知道，此时金顶汗帐里已酒气弥漫，各路诸侯两眼发红正等着看大汗如何评价自己。谁料察苾这时却从容不迫，谦恭中透出自信，拿着当时马背民族特有的餐具——一把精致的带鞘的蒙古小刀，不慌不乱地走向那巨盘中硕大的美味佳肴。动手了！出人意料的却是，她没有论功行赏，而是将割下的那片最重要部位的肉用双手捧起敬向北方，并虔诚地开口言道：“伟大的圣祖——无往不胜的成吉思汗啊！在忠勇的各路宗王贵胄勋将的拥戴下，您最钟爱的嫡孙忽必烈终于继承您的遗志成为大汗了！乍马宴是为大快朵颐的，又不是为了比高比低的。圣祖啊！您的每个忠诚子孙的心中自有一杆秤，就让他们尽兴地各取所需吧！”

话中有话！顿时使诸王贵胄酒醒了一半……

在察必虔诚地奉祭过圣祖之后，她又温婉地向各路诸侯每人送上一把金把金鞘的蒙古餐刀。相当贵重，寓意深刻，这更使宗亲勋将们个个恍然大悟，其实他们也不愿比个面红耳赤。须知，这种事在成吉思汗的大帐中也曾发生过，但凭借圣祖的崇高威望才得以严加控制。而现在经新任大哈敦察必这样柔性地处理，虽有悖古风古俗，却使这次“登基宴”得以酣畅淋漓且又其乐融融地圆满收场。

众人皆认为，有这样睿智祥和的大哈敦，新登基的大汗必将更加英明神武！

但忽必烈的“开平称汗”毕竟只占“半壁江山”！

欲一统天下必先施行新政！

面对中原，势在必行！

元上都之未来……

组阁中书省

1260年，忽必烈历经坎坷总算登上了大汗之位，迈出了入主华夏建立大元王朝的第一步！

按年号而论，史称“中统建元”……

按说，他登基的第一步，应当扩建已不适应形势的旧有的开平王城，但他似乎并不热衷于此，而是更专注于改造旧有的政权架构。须知，过去的草原帝国是大汗独揽大权，下面并没有什么“中枢内阁”之说。代为处

元太祖手诏

理民事的唯有扎鲁花赤（大断事官），代为传达政令的只有御用必阇赤（亲信书记官），再有的便是大汗身旁各类世袭的“赤”（分别掌管各类事务的执事官）。

地跨欧亚，显然这种私密架构已不适应新的形势了……

故而，忽必烈“祖述变通，鼎新革故”的当务之急，便是改造旧有的行政架构。他深知，欲“入主华夏，另立新朝”，就必须依照华夏历代王朝之遗规架构自己的“中枢内阁”。故而在登基前一个月即开始组建了。雄才大略的忽必烈果不愧为一代杰出的君王，登基后很快便在元上都组建了下列机构：

1.中书省，总政务。

2.枢密院，掌兵戎。

3.御史台，司监察。

其中，中书省相当于中枢内阁，设左右丞相（依蒙制右手为大，故右丞相统领内阁），下设平章政事多名，再设左丞、右丞及参知政事等职，辅助丞相推行政务。写到这里须特别指出：忽必烈在元上都首次组阁时的确体现了他之“思大有为于天下”，在择人用人上竟然能做到“不分民族，选贤用能”。这在少数民族中是前无古人的，请看1261年他在元上都组成的中书省阁僚名单——

布花（蒙古族）、史天泽（汉族）为右丞相；

忽鲁布花（蒙古族）、耶律铸（契丹族）为左丞相；

王文统（汉族）、塔察儿（蒙古族）、廉希宪（畏兀儿族）、赛典赤·瞻思丁（回族）为平章政事；

张易（汉族）为右丞；

张文谦（汉族）为左丞；

杨果（汉族）为参知政事。

中书省之内阁大臣共计十一人，竟分别有五个不同的民族。

仅从以上内阁名单来看，此前历朝历代的帝王均无此大度，从某个角度确实验证了忽必烈是一位海纳百川的少数民族君主！虽中间曾因“李璮之乱”产生过倒退，甚至还出现过种族压迫的“四等人制”等做法，但有史可考，在此之前忽必烈的确在扮演着一个“华夏共主”的角色。不仅内阁中有一半的汉族阁僚，而且在长江以北的中原大地大力推行“重农桑，理财赋”诸策。而仅就“重农桑”而言，就在元上都针对时弊采取了一

元朝科技、农业、商业、手工业大发展

元代百姓生活

系列举措——

1.特设劝农司，派遣劝农使。据史载，忽必烈登基伊始，就曾诏告天下：“国以民为本，民以衣食为本，衣食以农桑为本。”中统二年（1261年），下旨在内阁中专设了劝农司，并派遣劝农使分别到各地检查和督促农业生产。以收成之好坏而奖惩地方官员，更钦命劝农司官员“遍求古今所有农家之书”，摘编并颁布《农桑之制十四条》以为规则。随后更任命亲信重臣张文谦为内阁大司农，果然在不久之后便恢复了战乱后中原的农耕生产。但也有个先决条件，必须首先克服游牧民族“荒农田以改放牧”的行为。

2.严禁占民田为牧，严禁践踏庄稼。有史可考，忽必烈此诏是专门针对诸王权贵和蒙古铁骑而言的。身为蒙古人而严格约束蒙古人，可见忽必烈“度量弘广，高瞻远瞩”的超前意识。果然，此举带来了农耕经济更进一步的大发展，不仅为其日后灭南宋、一统华夏奠定了雄厚的物质基础，而且使中原农民也因之受惠。难怪在北伐阿里不哥时，他取胜的基础便是汉地的大力支援。

但也必须指出，忽必烈在元上都推行的不仅仅是“文治”，而重要的还是“武略”！

回顾历史，在元上都的这一阶段他似乎一直在指挥着金戈铁马！

既要讨平幼弟“夺位之争”，又要剿灭“李璮之乱”！

又文又武！开平都城正逐渐成为举世瞩目的中心。

日新月异！却还在不断地扩建之中。

况且，尚有喜讯传来……

阿里不哥的归降

中统五年（1264年）七月，走投无路的阿里不哥，不得不南下归降兄长忽必烈。

当他到达元上都开平时，忽必烈降旨聚集了很多军队，命令阿里不哥按照草原上有罪人请罪的习惯，披盖着大帐的门帘入帐觐见。起初，仅允许他站在笔阇赤侍从所在的地方。后经塔察儿那颜的请求，忽必烈才批准他与宗王们同坐，并一起宴饮。

望着这位在疆场上与自己操戈的同胞幼弟，昔日的怨恨与家族荣誉、骨肉之情交织在一起，忽必烈难过地流下了眼泪。阿里不哥也泪流满面。忽必烈擦去泪水，打破沉默，问阿里不哥：“我亲爱的兄弟，在这场纷争中谁对了呢?是我们还是你们呢?”阿里不哥回答：“当

宫廷宴会

时是我们，现在是你们。”如此看来，阿里不哥仍然是有保留的投降，对他最初据漠北称汗之事并不认错。

之后，忽必烈命令宗王塔察儿、移相哥、也可合丹、纳邻合丹、忽剌忽儿、只必帖木儿、爪都及其他蒙汉官员们，一起审讯了阿里不哥。大家一致决定：鉴于都是成吉思汗子孙，宽恕阿里不哥，赐他以自由。第二年秋天，阿里不哥就患病去世了。

关于对阿里不哥的处理办法，忽必烈专门向母弟旭烈兀、察合台封国君主阿鲁忽、术赤封国君主别儿哥遣使，说明情况并征求意见。旭烈兀曾遣使指责：阿里不哥披门帘入帐觐见的做法，令宗亲蒙受耻辱。忽必烈欣然接受，承认自己做得有失礼节。

在阿里不哥觐见忽必烈的第二天，他麾下的那颜们开始受到更为严厉的审讯。

忽必烈命令：将阿里不哥麾下的那颜们捆绑起来，由宗王昔里吉、塔海、札剌忽、别帖木儿，那颜安童、朵儿拜、孛罗一阿合等具体负责对他们的审讯。

忽必烈曾降旨质问这些受审那颜：“在蒙哥汗之世，当时的异密们甚至连想也没有想过违抗他，也不曾有过大的叛乱。人们知道，只要他们稍想有所反抗，就会受到怎样的惩处。你们引起了这一切纠纷，在众人之中散播了这样的骚动和叛乱，毁灭了这么多宗王、异密和军队，你们该当何罪?”孛罗欢、阿兰答儿等教唆挑拨作乱的罪行得到追查。

当时被拘捕问罪的阿里不哥党羽那颜多达千余人，究竟如何处置，忽必烈犹豫不决。于是，他询问参与审讯的怯薛官、木华黎的后裔安童说：“朕欲尽置此属地，何如?”安童回答：“人各为其主尔。陛下甫定大难，而以私憾杀人，何以怀未附。”忽必烈喜纳其策，最后，只将其中的孛罗欢、忽察、秃满、阿里察、脱火思等十名那颜处死。

汉白玉门墩石

为庆祝阿里不哥归降和蒙古帝国的重新统一，是年八月，忽必烈特意将“中统五年”改为“至元元年”，以示否极泰来和鼎新革故之义。

关于忽必烈立足漠南和北征阿里不哥的胜利，耶律铸诗曰：

闻说天兵下八埏，自临华夏益精妍。
龙拏虎掷三千国，岳镇渊渟五十年。
应欲昭彰新日月，更为弹压旧山川。
可怜棘霸皆儿戏，不似胜征计万全。

忽必烈战胜幼弟阿里不哥，并非轻而易举。这是在双方旗鼓相当，各有短长，特别是忽必烈军事力量稍弱和起初比较被动的情况下，依靠与漠南蒙古诸王那颜的联盟，依靠与汉族地主阶级的政治联合，依靠漠南汉地雄厚的人力物力支持，才赢得了这场汗位争夺。其间，也锻炼并显示了忽必烈个人较为高超的政治谋略和军事才能。无论是在政治还是军事方面，忽必烈都要高出幼弟阿里不哥一大截。

需要说明的是，在漠北与阿里不哥的作战中，双方往往互有胜算，难分伯仲。尤其是在阿里不哥趁忽必烈南归，以诈降突然袭击移相哥并重新占领和林的危急时刻，忽必烈迅速调用汉地雄厚的人力财力，及时组织“昔土木”新会战，歼其精锐，反败为胜。除了忽必烈果断决策和二次亲征外，调用漠南汉地的人力财力，应是忽必烈手中的一张“王牌”。有了这张“王牌”，忽必烈就可以不计一时胜败，持久作战，不断打击敌人，直至最后胜利。这一点，在后来对付海都等叛王的作战中，始终是元朝方面长期发挥效用的优势。

忽必烈战胜幼弟阿里不哥，结束了四年的同室操戈和“两汗并立”的局面，维护了蒙古帝国的统一。更

汉白玉螭首

有意义的是，由于忽必烈的胜利，蒙古贵族统治集团中的革新派占据了主导地位，忽必烈和他的元帝国走上了部分改变统治方式、以汉法治汉地的道路，走上了缔造蒙、汉政治文化二元结构的道路。这条道路十分曲折艰难，忽必烈和他的元帝国都将遇到许多新的困扰和挑战。

汉白玉雕花底座

为一统先施软实力

幼弟阿里不哥的来降，结束了马背民族“两汗并立”的局面，使漠南漠北趋于一统，从而使忽必烈得以无后顾之忧地去实现他的宏誓大愿：

学习唐太宗——既做大皇帝，又做天可汗……

为此，在幼弟来降一月之后，忽必烈于中统五年八月即改年号为：至元。由“中华开统”到“大哉乾元”，向一统华夏的大元王朝迈出了更重要的一步。同时，将战略要地燕京定为中都，后又升为大都，这一切均说明雄才大略的忽必烈，由漠南到中原正在步步逼近“南家思”（对南宋之贬称）。

但元上都的地位和重要性却丝毫未变……

这一方面是因为马背民族对草原的眷恋，另一方面是因为元大都建设历时颇长。据史载，元大都是由近臣刘秉忠规划与设计的，于至元三年（1266年）开工，到至元十一年（1274年）皇城和宫城才大体完成。而外部的官居民舍以至外城墙，直到至元二十年（1283年）才基本完成。故而元上都在这场“改朝换代”的历史进程中，不仅历经了无数重大的政治事件，而且也成了世界各地朝觐者心目中的圣地。比如，意大利旅行家马可·波罗就是在元上都觐见忽必烈的。

只有草原母地的原都城哈尔和林渐渐被废弃了……

当然，灭南宋江山大一统，是元上都经历的最重大的历史事件！但也必须指出，忽必烈在此期间也是颇费心机的。他早已摒弃了前人金戈铁马攻城略地的凶悍战法，而是采用了“得民心者得天下”之诸策！

耗时十余年，为消除“异族入侵”之阴霾而有如下举措——

其一，中统元年（1260年）初登汗位，即公布年号“中统”，定都开平。史载，这显然是忽必烈在汲取华夏历朝历代之文化，以做“一统华夏”之长远打算。“中统”即中华开统，以提前确立自己的正统地位。

其二，中统五年（1264年）八月，改年号为“至元”。又颁《建国都诏》，定开平为上都，又将燕京由中都提升为大都，这意味着政治中心彻底由漠北草原移至漠南汉地。再加上早期依汉制已组建的中书省、枢密院、御史台等中枢机构，似在不断改换包装，使其更适应汉地汉法之需求。

其三，至元八年（1271年）十一月，颁《建大元国号诏书》，正式将国号由“也客蒙古兀鲁斯”改为“元”，并且改“大汗”而称“皇帝”，从而彻底成为华夏历史链条中重要的一环，似已取得了改朝换代与一统天下的合法性。

其四，至元十年（1273年）三月，为解除汉臣儒将的最后一丝疑虑，就连传统斡耳朵式的后宫也进行了改造。先是于二月正式册立燕王真金为太子，随之便以极其隆重的方式册立其母察必为皇后，并上尊号为“贞懿昭圣顺天睿文光应皇后”，且均有圣旨诏告天下，就这样竟连蒙式后宫也从表面上汉化了。这有助于模糊民族

骑马勇士

界线，消除此前那种征服者残酷攻略之印象。

其五，至元十一年（1274年），灭南宋一统天下之条件似已成熟，但忽必烈在全面部署军事后却仍在考量选用统帅问题：伯颜是来自三弟旭烈兀为汗的伊利汗国，在忽必烈十年的亲自培养下已突显极高的统帅才能，并长期任职于执掌军权的枢密院。当然由他担任平南统帅是人心所向的。但出人意料的是，忽必烈竟选择了老迈年高的汉世侯史天泽为统帅，并命人为他绣制了上书一个“史”字的无数帅旗。就这样，使南宋君臣很难以“异族入侵”激起同仇敌忾，似也只能承认是由自己的腐朽导致了“大厦将倾”。

总之，忽必烈果不愧为中华历史上又一位雄才大略的杰出君主。既穷十数年之功充实自己的“硬实力”，也在为争取民心而施展“软实力”。稳扎稳打，步步成功，直至水到渠成。究其原因，正如元代学者孔齐在其著作《至正直记》中所言：“世祖（即忽必烈）能大一统天下者，用真仁厚也！”

再看南宋，由昏君与奸相所造成的恶果正在渐渐发酵！

依然是权臣当道，相互倾轧，报喜不报忧——

将老太后与小皇帝玩弄于股掌之中！

醉生梦死，似只等着北上跪降于——

元上都！

灭南宋元上都受降

据史载，至元十一年（1274年），忽必烈在先期

行进中的小乐队

攻克了襄樊等要塞之后，即大举渡过长江展开了灭宋之全面战役。果然汉世侯史天泽的“史”字帅旗，迎风猎猎，发挥了巨大作用，竟使得南宋军民一时间颇为困惑，致使“异族入侵”之说不攻自破。到至元十二年（1275年），史天泽因年迈多病被调北归疗养，才改由蒙古统帅伯颜跨江统领三军。他严格执行忽必烈“攻心为上”之诸策，很快就使南宋守军全线溃败。到至元

浑仪

十三年（1276年）正月中旬，伯颜已指挥各路大军会师于南宋都城临安四郊。只是仍严守忽必烈的军令“围而不攻”，甚至允许商贩们出入城进行正常的交易。

果然威慑力更大，足以使皇宫内的君臣更加惶惶不可终日……

这里必须先说一下南宋小朝廷的情况。此时，那个每夜必翻二三十个牌子、玩弄二三十个宫女的宋理宗已死。德祐元年（1275年），年方四岁的赵㬎继承皇位。因皇帝年幼，只能又推出从未受过宠幸的太皇太后谢道清垂帘听政。而乱世奸相贾似道是被弹劾罢了相的，但谢道清竟“念他侍奉过三朝皇帝”而只判了个流放之罪。真乃天理不容，后多亏有义士将其击毙于流放途中。然而，为时已晚，面对元朝大军的层层围困，昏庸的太皇太后似也只能携幼弱的小皇帝，捧传国玉玺及降表向元军统帅伯颜请降。南宋遗老汪元量有诗为证——

乱点连声杀六更，荧荧庭燎待天明。
侍臣已写归降表，臣妾签名谢道清！

至此，绵延近三百年的宋王朝宣告终结。后虽有忠贞之士文天祥、陆秀夫等力图挽回，却似也只能“留取丹心照汗青”。而元军统帅伯颜执行忽必烈的“奉扬宽大，抚戢吏民”诸策也不遗余力，故江南并未遭到“横尸遍野、片瓦无存”的灭绝性破坏。

临安保存得更加完好，只有亡国的小皇帝倒霉了……

至元十三年（1276年）三月十二日，作为亡国之君的小皇帝及其母全太后，还有诸多皇亲与重臣，均奉诏北上朝觐大元皇帝以示臣服。当时作为太皇太后的谢道清因病重暂留临安故宫，原以为可老死于江南以免受北上屈辱。却不料，忽必烈闻之唯恐南宋残敌挟其而再生变乱，故急令必须将这位太皇太后火速平安护送至元上都。

小皇帝尚幼，太皇太后乃南宋“国之象征”也……

同年四月二十八日，先行的南宋幼主、全太后及众多的皇族重臣，经元大都燕京最终到达了草原深处的元上都。忽必烈为何单挑此地受降？很可能是内心强烈的民族自豪感使然。这里离草原母地最近，他可以向列祖列宗敬示他已经拿下了世界上最美丽、最富庶之地，他已经入主华夏开创了一个疆域无比辽阔的大元王朝！

况且此时的元上都早已扩建得宏伟壮丽、金碧辉煌……

据史载，直至五月初二日忽必烈才宣旨接见请降之南宋君臣。拂晓时降臣们即在宫前摆下百余桌奇珍异宝与金银玉帛，作为宋室幼主之觐见称臣的贡品。忽必烈还曾下旨“不必改变服色，只依宋朝甚好”，其目的在于“更能显示大元皇帝之君临天下与南宋之覆亡的全部含义。”（李治安语）

接见是在宏伟无比的宫殿大安阁内进行的……

史载，在进行过叩降仪式之后，忽必烈龙颜大悦，

六耳铁锅

只接受了南宋君臣的称臣请降，并未有任何严厉的训斥和惩罚，还对来降的小皇帝及皇亲重臣均依元制加官封爵，如亡国幼主被封为瀛国公，后到京师的太皇太后也被封为寿春郡夫人。至此，南宋君臣总算放下了惶惶不可终日的那颗心。须知，他们的老祖宗可没这种“待遇”，徽、钦二帝被金人俘获北归后竟被囚于枯井之中，死后还将尸体炼出油脂以供点灯。而忽必烈竟对他们如此大度，当然会叩首不迭、感恩不尽了。谁料好戏还在后头，这位一统南北的大元皇帝竟在“受降礼成”

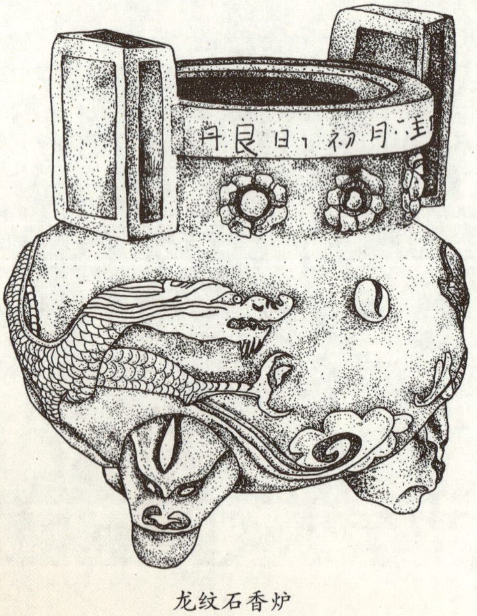

龙纹石香炉

后又大设御宴招待南宋君臣。据说前后共计十多次，致使元上都几乎成了一座“醉都”。从“开平称汗”的乍马宴到“一统华夏”的大御宴，其间大元宫廷的饮食文化到底有何变化？特录元代文人汪元量之诗为佐证——

皇帝初开第一筵，天颜问劳思绵绵。
大元皇后同茶饭，宴罢归来月满天。
第二筵开入九重，君王把酒劝三宫。
驼峰割罢行酥酪，又进雕盘嫩韭葱。
第三筵开在蓬莱，丞相行杯不放杯。
割马烧羊熬解粥，三宫宴罢谢恩过。
第四排筵在广寒，葡萄酒酽色如丹。
并刀细割天鸡肉，宴罢归来月满鞍。
第五华筵正大宫，辘轳引酒吸长虹。
金盘堆起胡羊肉，乐指三千响碧空。
第六筵开在禁庭，蒸麋烧鹿荐杯行。
三宫满饮天颜喜，月下笙歌入旧城。
第七筵排极整齐，三宫游处软舆提。
杏浆新沃烧熊肉，更进鹌鹑野雉鸡。
第八筵开在北亭，三宫丰筵已恩荣。
诸行百戏但呈艺，乐局伶官叫点名。

第九筵开尽帝妃，三宫端坐受金卮。

须臾殿上都酣醉，拍手高歌舞雁儿。

第十琼筵敞禁庭，两厢丞相把壶瓶。

君王自劝三宫酒，更送天香近玉屏。

不难看出，在1260年至1276年这漫长的十六年里，不但蒙元王朝的政治文化不断发生着变化，就连宫廷“舌尖上的美学”也从单一逐渐走向丰富多彩。既有中原各大菜系的影子，又保持着马背民族特有的风格。比如，此次御前盛宴中所出现的大菜：驼峰、酥酪、割马、烧羊、蒸麇、烤鹿、鹌鹑、野雉、胡羊、熊肉、天鹅肉等。再加上“葡萄酒酽色如丹”“辘轳引酒吸长虹”等，足可见元宫御宴的粗犷豪放。还有蒙式的宫廷乐舞助兴，若诗中所述“乐指三千响碧空”是真，那这宫廷乐队起码有三百人，可真够庞大的。而诗中所述“拍手高歌舞雁儿”则突显群体性的狂欢，雁舞至今仍是张扬游牧民族个性的传统舞蹈。

总之，大元王朝虽已入主华夏，却仍顽强地保持着自己的民族文化传统。元上都也被大元王朝历代帝王视为心中永远的圣地。

当然，在元上都发生的重大历史事件绝不仅是以上几件，在这里就不一一赘述了。但必须指出——

大元王朝是以此为发端的，也是在此宣示大功告成的！

元上都，永远的元上都！

况且尚有许多逸闻典故需要继续讲述……

元上都拾遗

元上都在大元王朝的历史地位的确是很难抹杀的！即使在元大都历经十数年建成，中枢机构及六部全迁移至此之后，元上都仍保留相应的留守重臣以确保岁岁皆有的“圣上巡幸”。何况这绝非“走过场”而已，而是带着整个朝廷要员与后妃一住就是近半年。史载，这或许是因为马背民族对草原特有的眷恋，或许是因为这里更便于遥望发祥的母地，更或许是因为背后尚有东西道诸王潜在的反叛……总之，元上都的历史重要性毋庸置疑！更何况它还是面对漠北的一座军事要塞！

元上都不只是有前文所述大事记，还留有许多逸闻典故，如初立朝仪、后宫秘闻、象幄巡幸、纸币理财等。

这些大多发生在元上都，或与元上都密切相关。

虽已入主华夏，却与中原帝王大为不同！

有《马可·波罗游记》为证。

且听一一道来……

初立朝仪

据史载，在忽必烈于漠南登基之前，确实没有什

觐见蒙古大汗

么朝仪可言："凡遇称贺时节，大小官吏，不分贵贱，都聚集在忽必烈的帐殿前，熙熙攘攘，一片混乱。执法官嫌人员过多，甚至挥杖敲打驱赶。逐去复来，顷刻数次。尤其是在四方邦国朝贡的场合，确实有失体统，有碍大雅！"（李治安语）

欲入主华夏，焉能如此没规没矩有失君主尊严……

为此，就必须学汉制而立朝仪。故而至元六年（1269年）十月，忽必烈即下令由刘秉忠、许衡等主持订立，并有多名儒臣参与研讨。当然，所订立的朝仪是与"入主华夏"之大主题相关的，故"颇采故礼""大体是对汉、唐、金有关制度的承袭和变通。"（李治安语）

因此，也绝不乏"蒙汉杂糅"的诸多特色……

至元八年（1271年）八月，在忽必烈生日"天寿节"时，由刘秉忠、许衡等主持制定之朝仪正式启用。规矩烦琐，相关内容对现代人来说读之如同嚼蜡。多亏在《马可·波罗游记》中尚有生动的记载，那就仅对朝仪的宏伟场面直观地进行叙述吧！

马可·波罗称——

大可汗朝见群臣、赐宴的时候，仪式如下：

皇帝的席是比别人的高好些。他坐在北面，面朝南向。靠近他的左边坐的，是他的第一个妻子……

在元旦节的早晨，当桌位分派以前，所有的国王、公爵、侯爵、伯爵、男爵、勇士、星相家、医师和放鹰匠以及许多军官，各民族、各地方的君主和军队全都聚在大可汗面前。那些找不到地方的人站在厅外面，这样可以叫皇帝看见他们。他们立的次序是如此布排：首先是大可汗的诸子、皇孙和皇系的亲属，以后是国王，再后是公爵，再次是其余各级的人，一个一个依次序排下去。当人人都坐在所派定的座位上后，有一个高等主

元代宫廷乐队

教站起来，大声说："跪下敬拜。"他大声唱完这些字后，所有人立刻跪下，把他们的前额叩在地上，高声祷祝大可汗，拜他如一个上帝。以后主教说："上帝拯救和保护我们的皇帝，永久生存在快乐和喜悦之中。"全体回答说："望上帝能这样做。"主教再说："望上帝能增加和扩大我们皇帝的疆土，叫他们常常更加广大。望上帝能使他的臣民常享太平，常蒙怜爱，并使各事在全国能兴旺。"全体回答说："望上帝能够这样做。"他们如此敬拜四次……他们献上许多宝贵和华丽的礼物……大可汗看过以后，食桌全放出来。当食桌设好后，所有人全遵照次序坐上……当他们吃完以后，魔术家进来使宫中全体娱乐。

综观上述，的确与《元史·礼乐志一》中的记载有相似之处。而最大的不同之处在于：皇帝皇后并坐御榻，同受朝贺！须知，此前历代中原王朝均是突显皇帝的"唯我独尊"，大多数皇后似也只能隐居后宫而"母仪天下"。

忽必烈如此而为，似并不在于尊重女性，而在于要在汉式朝仪中保留一些自己的民族传统。

既然已涉及后妃，那就进而谈谈蒙元王朝后宫的架构！

后宫的嫔妃宫女是如何加以统领的？

且以忽必烈一朝为例，慢慢道来……

宫闱秘史

有史可考，忽必烈于漠南称汗之后，选择的是“内

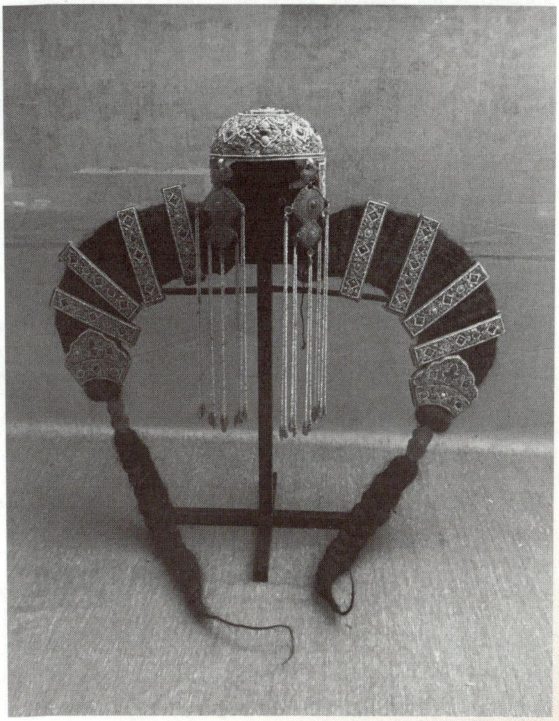

头饰

蒙外汉”的二元化之大政方针，即对外施行的是汉地汉法，对内维护的是蒙俗蒙规。既要“入主华夏，一统天下”，又要竭力保持自己的民族特性和文化传统。当然，后宫纯属大汗的家务事，理应严遵蒙俗蒙规……

为此，对外虽已取消“哈敦”之名号而改称“皇后”，但对内仍依祖制将后宫分为四大斡耳朵。他无视

头饰

历朝历代只立一个皇后之规，而是将每一个主持斡耳朵的妻子均册封为“皇后”。忽必烈一朝计有如下皇后与斡耳朵——

第一斡耳朵，属帖木古伦大皇后（已故，纯属追思）。

第二斡耳朵，属察必皇后（事实上的后宫中心）。

第三斡耳朵，属塔腊海皇后。

第四斡耳朵，属伯要兀真皇后。

斡耳朵，原为蒙古语宫帐之意。后来虽有豪华的殿堂作为后宫，但斡耳朵的称谓却依旧未变。可千万别小看了这四大斡耳朵，它的组成早已超过了一顶小小的毡制宫帐，它所辖的范围实在大得惊人！

且看马可·波罗怎么说——

他（忽必烈）有四个妻子。这四个妻子他都认为是正室，他们全叫作皇后，再加以各人特殊的名字。他们每一个都有自己的宫。每一宫至少也有三百最美丽和娴雅的宫女。他们也有许多太监来做侍仆，和许多其他男女仆人。因此每一个皇后都有一万人在他的宫中。

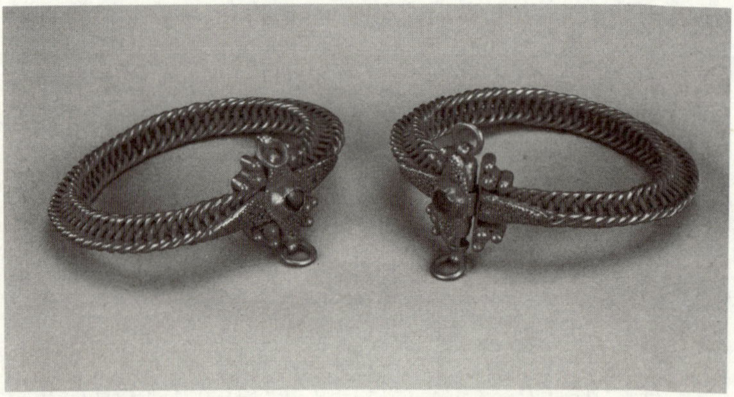

金镶松石手镯

由此不难看出，忽必烈一朝的后宫不但颇具民族特色，而且佳丽众多。第一斡耳朵是为追思帖木古伦大皇后而专门设置和永远保留的，因为这是在忽必烈人生最低谷时所娶的一位小部族首领之女。敢于嫁给他就算得敢于冒风险了，再加上她的善解人意、柔情似水，使这对少男少女两情相悦，但愿天长地久。谁曾料帖木古伦次年就因难产而死，竟使得忽必烈悲痛欲绝，“长相思，永难忘”。据说，永远保留帖木古伦大皇后之第一斡耳朵是察必皇后提出来的，而她所属的第二斡耳朵渐渐成为后宫的中心，她也在默默代行大皇后的职权。史

金手镯

载，察必皇后“容貌秀丽，禀赋娴雅，善断多谋，极具远见卓识”，乃助忽必烈成就大业的主要助手。故察必皇后仙逝后，年迈的忽必烈竟“痛不欲生，一夜间须发全白”。至于说，为何马可·波罗只提到忽必烈有“四个妻子”，而史书上却记载忽必烈起码有八个皇后？这或许是因为除第一斡耳朵之外，其他三个斡耳朵在主子去世之后又换了新皇后主持。如：

第二斡耳朵，后由南必皇后主持。

第三斡耳朵，后由奴罕皇后主持。

第四斡耳朵，后由阔阔伦皇后主持。

究其原因，似乎是因为忽必烈乃华夏历朝历代中最高寿的帝王之一，卒年为八十岁。在古代，又有多少个后妃能活过他？难怪史者多怪察必之侄女南必皇后“干政”，其实当时忽必烈已年老体弱、行动不便，没有南必皇后的“上传下达”还真不成。从客观而论，这位年轻的皇后还真办了不少好事，如维护真金太子，拥立皇孙继承皇位等。

还应提到，忽必烈的后宫除了上述诸多皇后之外，尚有许多妃子。见诸史册的便有：巴巴罕妃子、撒不忽妃子，还有一个不知执掌过哪个斡耳朵的速哥达里皇后。

总之，忽必烈的后宫蒙汉杂糅，规模庞大，佳丽众多。

但他并没有囿于后宫粉黛之中，似更喜欢出巡、游猎！

大象该登场了……

象幄巡幸

前面已经说过，即使元大都历经十余年在燕京（今北京）建成之后，元上都的历史地位和重要性却丝毫未减。皆因元王朝实行的是“两都巡幸”制：每年三月即率群臣由大都赴上都办公，八月后才返回大都施政。年

蒙古汗王夜宴图

年如此，每次在元上都停留小半年。这已成为“朝之常制”，故元上都一直是马背民族心目中的一统华夏之发祥地。

难怪有史学家将其称为“夏都”或“夏宫”……

而“两都巡幸”并不奇怪，但惊世骇俗的出巡方式却是令人大出意料的！作为大元王朝的开国帝王，他不骑骏马，不乘御辇，更不坐蒙古式的毡帐王车，而是偏偏打起了世界上最大的动物——象的主意。这在华夏历朝历代的帝王中，真可谓前无古人，后无来者！不信？有元代诗人张昱咏其事为证：“当年大驾幸滦京（即元

草原上的豪华巨帐

上都），象背前驮幄殿行。”

但到底是如何“驮”，“幄殿”又是什么模样，后人大多难以想象。

多亏了马可·波罗在其《马可·波罗游记》中详述过——

当大可汗远征到临近大洋海的时候，打兽打鸟的美丽景致，是不缺少的……大可汗常常坐在一个美丽的木头寝室中，四只象抬着室走。室中用锤金制成的布匹镶里，外面盖着狮子皮。当打鸟时，因为他有痛风病，所以他常常留在室中。大可汗在室中常常养着十二只好看的鹰。里面也有许多贵官和妇女来引他快乐，和他做伴。当他在那放在象背上的寝室中，站起散步时，你们必须知道，有骑马在他左右的贵官大声喊：“陛下，有鹤飞过去了。”他听到后，即揭开寝室的遮盖物来看鹤。他叫人把所要的大鹰拿来放出。这些鹰最后和鹤争斗，常常把他们捉住。大可汗在床上看见这种景致，觉得非常快乐和欢娱。

其实，忽必烈在远征大理（即古南诏国）时，就曾和大象打过交道。当时，大理奸相曾在大理城外布下

忽必烈狩猎图

过象阵，而忽必烈为破其象阵也曾找驯象人深入了解过大象的习性。后果然大破之，近臣刘秉忠为此还留诗一首——

天王号令迅如雷，百里长城四合围。
龙尾关前儿作戏，虎贲阵上象惊威。
开疆弧矢无人敌，空壁蛮酋何处归？
南诏江山皆我有，新民日月再光辉。

其中，“虎贲阵上象惊威”，就是指大破象阵。

青花梨形执壶

黑釉“内府”铭瓷罐

当然，乘“象驮幄殿”而行还是具有一定的风险，当时的吏部尚书刘好礼就曾进谏过：“象力最巨，上往还两都，乘舆象驾，万一有变，从者虽多，力何能及！”果然有一次狩猎归来，大象被欢迎的彩绸舞狮惊奔了。多亏了近卫贺胜在前舍身拦象，其他近卫冒死解下了几近摇裂的象幄，忽必烈总算安然无恙，贺胜却受了重伤。

但忽必烈却仍然乐此不疲，在汲取经验教训后却依旧“象背前驮幄殿行”——

去巡幸，去射雕，甚至乘象舆去指挥战争！

这就必然会涉及“春蒐秋狝”，即围场射猎……

春蒐秋狝

一般来说，元、清两朝少数民族入主华夏之后，均继承老祖宗的传统进行这项活动。如清代承德附近的木兰围场，就是专门为此而设的。而若论在中原开此先河并形成制度者，非忽必烈大帝莫属！

春蒐秋狝，即指春秋两季依制进行的大围猎……

这并不仅仅是单纯的娱乐或强身健体，而是具有更深谋远虑的思考。忽必烈深知，用真儒可助马上得天下，但绝不可治天下时就马放南山。若如此马背民族将失去自己的强悍，甚至会在灯红酒绿中遗失自己民族的本性。故而忽必烈称帝后，当即决定使本民族永远“娴熟弓马”。除怯薛永远备战于金戈铁马外，就连皇亲贵胄及其卫队也必须参加年年的春蒐秋狝以示不忘本！

更何况奖赏颇丰，勇士们能不争先恐后吗？

春蒐，是指每到春天候鸟北飞，天鹅、野鸭、白鹤、鸿雁等翱翔于蓝天之际，忽必烈必带领后妃及皇子乘象舆来到渤海湾边，以“强弓飞箭”射飞鸟，射的飞鸟越大奖赏越重。当然，还会放飞猎鹰扑鸟，互比自己的海冬青（顶级猎鹰）之高低。但因蓝天高高在上难以合围，宗亲贵胄均依制各自选地为之，唯战果必须告知朝廷。

当然，遇到野兽也从不放过……

秋狝，指在秋天时到元上都附近的山林和草原中围猎。此时，不但牛马驼羊养得膘肥体壮，就连大小野兽也都如此。而进入秋季也快到忽必烈返回大都的时候，为此大规模的秋狝也即将开始。王公贵胄纷纷率自家的勇士依制前来参加围猎，一时间元上都城外的大草原上又是毡帐林立，人欢马叫，热闹非凡。有史可考，参加

至元通行宝钞

者最多时竟有一万多人，足见围猎场面之宏大与撼天动地。

以元上都附近的“汤山围猎”而言，就有中书省左司都事（官名）王恽扈从目睹并以诗咏之。诗曰——

二年幽陵阅丘甲，诏遣谋臣连夜发。
春蒐秋狝是寻常，况复军容从猎法。
一声画鼓肃霜威，千骑平岗卷晴雪。
长围渐合汤山东，两翼闪闪牙旗红。
飞鹰走犬汉人事，以豹取兽何其雄。
马蹄蹴麋敠左兴，赤绦撒镞骛龙腾。

以上，将忽必烈在元上都称帝以来之立朝仪、定后宫，以及春蒐秋狝等，似均已讲到。

但仿佛仍缺少在元上都的重大“文治”逸闻！

有！那就说说钱……

马可·波罗也有记述。

中统宝钞

中统宝钞，全称应为“中统元宝交钞”，乃忽必烈在元上都称汗早期发行的。当时，元上都刚开始扩建尚无印制能力，似也只能交由前金故都燕京去处理。好在忽必烈之长子真金十七岁就被封为燕王，正率一批儒臣猛将坐镇于燕京。而真金自幼因受母亲察必皇后的影响，似更多接受的是儒文化传统教育。故一听父皇要提前进行币制改革，当然会在燕京为印制“中统宝钞”全力以赴的！

须知，此乃当务之急！与稳定当时的政局生死攸

元代纸币

关……

作为一直在马背上成长的大汗，忽必烈在登基后深知此乃是与国计民生息息相关的重中之重！要知道，在蒙哥大汗猝死之后，只留下一片混乱，草原帝国眼看就要国将不国了。草原母地之宗王与中原内地之汉世侯，均无视黎庶处于水深火热之中竟然纷纷滥发纸钞。且不说一贬再贬形同废纸，就单论国家没有统一的钞币还算一个统一的国家吗？忽必烈果不愧为“马上善武功，马下会文治”之一代明君，刚登上汗位便由理财入手加固汗权的基础。

他使用的是经邦理财之能手——汉臣王文统……

关于此人，当时的儒臣谋士对他的看法分歧极大，但忽必烈还是起用了他，任命他为平章政事，主管理财大政。而王文统也果不负忽必烈的期待，在整顿分类户口和食盐榷卖等一系列措施的基础上，很快便在中统元年（1260年），就以“银本位”为根向全国发行了“中统元宝交钞”。由于举措得力，效果奇佳，中统二年（1261年）忽必烈在上都检验燕京行台税收，发现户数相同实际收入却增多，足见超过以往矣！

故元人李存有诗赞曰——

国朝钞法古所无，绝胜钱贯如青蚨。

试令童子置怀袖，千里万里忘羁孤。

但似乎仅靠李存这首诗好像对“中统宝钞”尚难窥其全貌。例如，是何纸质？外观何样？如何防伪？如何流通？似现代人仍很难想象的。又多亏有马可·波罗在其《马可·波罗游记》中详述，仅观其文便可略知一二。

马可·波罗有关“中统宝钞”之记述如下——

在汗八里城中有大可汗的造币厂。内部设备非常好，我们可以说大可汗是一个完全的炼金家（冯承钧译作“点金术”）……他采取桑树的皮……和胶一齐捣成糨糊，然后卷成薄片……他把他们切成大小不同的小块，但全是长方形……所有这些大小纸块上，全印着大可汗的图章。你们必须知道，所有那些钱发出去和纯金纯银有一样的势力和威严。有一些官吏，特别委派在每张纸币上写上他们的名字并盖上各人的印。当钱制好的时候，那些官的领袖，奉大可汗特别委派守印，将官印涂上朱红，盖在纸上，所以纸上留着朱红色官印的痕迹。以后这张纸币就变成有效的了。如有人伪造纸币，必受斩首的死刑。大可汗造出如此多的纸币，能够拿它兑换世界上所有的钱币……在他所统治的各国、各省和各地方中，这纸币皆通行使用。没有人敢拒绝，违者处以死刑。我还要切实地告诉你们，在他所辖的各国各民族中之臣民中，皆愿意接受这纸币，偿付各种款项。因

作战图

为他们无论到了什么地方，总能用他购买一切东西，如各种货物珍珠、宝石和金银等物。

总之，忽必烈大帝既能在“马上打天下”又可在“马下治天下”，在华夏历朝历代的帝王中也算可圈可点的一位！就拿经国理财来说，刚一登基就以币制改革为重点全面铺开了稳定国计民生之诸策。问题抓得准，用人更是得当。虽中统三年（1262年），王文统因犯有“李璮之乱”的“同谋罪”被诛，但他所推行的“中统宝钞”最终流通全国，使忽必烈的汗权更加稳固了。

这是忽必烈执政伊始在元上都施行的一项大政，但上述逸闻中似仍缺忽必烈指挥千军万马的宏伟的战争场

押送图

面。

大汗宝座始终引得诸王垂涎，东西道均有人自称“正统”！

直至忽必烈晚年，叛乱竟有愈演愈烈之势！

虽已老迈年高，却还是乘象舆亲征！

且看独特的战争场面……

乘象舆东征

对于忽必烈来说，他能够“一统华夏”开创大元王朝，却一生都在为来自草原母地的挑战和背叛而战争：从中统建元开始的与幼弟阿里不哥的汗位之争，到与窝阔台大汗后裔海都的重夺汗位之战，其间尚有昔里吉的合谋兵变，直至至元二十五年（1288年），东道宗王乃颜与西道海都合谋发动的“两面夹击，光复汗位”之战！

显然是借口忽必烈之华夏称帝与改换大元王朝为国号……

其时，忽必烈已年过古稀，且老弱多病，足疾尤为严重（因长期跨马踏镫造成）。但他深知，此次乃颜之乱非同寻常。要知道，这可近若比邻犹如“后院起火”

啊！再与西道的海都形成东西夹击之势，后果将不堪设想。所幸海都的老巢路途遥远尚在中亚一带，故而必须先歼灭乃颜叛军以威慑海都不敢再轻举妄动！

忽必烈在军事上果不愧为一代战略战术大师……

仍然以元上都作为大本营，火速调来了无数蒙古铁骑和汉军精锐，旌旗猎猎，首先在气势上压倒了敌营。而更令乃颜恐惧的是，年迈七旬的忽必烈竟不顾足疾亲自乘象舆指挥这次东征。乃颜深知，只要这位大皇帝一出现便能顶百万雄兵，果然交战不久自己的兵马便溃不成军了。随之，这位昔日威震东道的宗王，也在乱军之中被生擒活捉当了俘虏。

史载，这就是忽必烈人生的最后一段……

而后人最想知道的还在于，七八百年前的元朝军队是怎么打仗的？战争的场面又是何景象？还突显着什么样的民族特色？

所幸在马可·波罗的《马可·波罗游记》中均有记载，请看——

大可汗率领全队人马前进，经过二十天，到达一个大平原，乃颜和他的四十万骑军已经在那里驻扎了……大可汗在四个象背上所负的小楼中，站在小山上，左右

围以弓弩手。旌旗飘扬在他上面，旗上有日月形象，高插空中，所以各方面都能看见。这四只象都盖以极厚的熟牛皮，牛皮上面又盖着丝和金制的布。他的军队排列成三十队。每一队有一万人，全都带着弓箭。大可汗分自己的兵力为三组，两翼展开极长……在每队前面，有五百带弓和短矛的步兵……每当骑兵冲锋时，那步兵就跳到靠他最近的马的臀上，坐在骑兵的后面，两人共同前进。当马停止时，他们跳下马来，用他们的长矛去戮杀敌人的马……大汗确实如此排列他的人马成为许多分队，去包围乃颜的营塞，要和他去决斗……以后人就可以看见和听到许多乐器声音响起来了（特别是那二弦的乐器，有最愉快的声音）也能听到许多喇叭的吹声和许多的高唱。因为你们必须知道鞑靼人的风俗如此。当他们已经摆布和排列成队伍，在去打仗以前，他们一定要等待领袖的罐鼓声……当双方都预备充足后，大可汗的罐鼓开始发出声来了。先在右翼，后到左翼。罐鼓的声音开始发作，所有阻滞即刻停止，他们用弓箭、长矛、缒矛和长枪（后者是很少见的），冲上前去厮杀。但是步兵都有强弩和许多其他的武器……这场战争开始是非常残暴和凶猛的。现在就可以看见箭的飞射，空中全充满了，好似雨的下降。现在又可以看到骑士和马倒在地上死了……奋勇战斗从早到午……最后，大汗得胜了。当乃颜和他的战士，看见自己方面将不能再持久支持了，于是他们开始逃遁。但是这也不能帮助他们什么。因为乃颜已被捉了。所有他的达官和臣民带着所有武器，全来投降大汗了。

最终，该轮到不可一世的乃颜宗王倒大霉了！忽必烈一听这个罪魁祸首已被生擒活捉，当即下令：处死！但处死一个黄金家族的后裔，又必须严遵一条草原流传下来的祖制，即“不允许皇帝宗系的血洒在地上，或叫太阳或空气看见！”（见《马可·波罗游记》）真是一道难题，而行刑者却自有办法！据史载，乃颜竟是“很紧地被捆扎在地毯里，放在地上乱滚和到处乱打，然后死去”。这样，地上就自然见不到这位东道宗王的血，而且还有地毯的严密包裹，太阳和空气也就自然很难看见了。

其他东道胁从的宗亲均被赦免了，但也失去了自己的封国……

对于西道宗王海都来说，似远在中亚深感庆幸。因他代表的窝阔台家系和忽必烈代表的拖雷家系，为汗位的更迭整整恶斗了近二十年。但败多胜少，还是被忽必

烈派军越撵越远。也就是在他庆幸未响应乃颜“两面夹击”不久之后，在忽必烈派往的金戈铁马的追击下连老窝也被彻底端了！

至此，大元王朝达到了鼎盛的辉煌时期……

而上述所发生在元上都之有关朝仪、后宫、币改、围猎、巡幸以及象舆东征等逸闻典故，均证明了大元王朝进入鼎盛时期。

但忽必烈再具有雄才大略，也与凡夫俗子一样难免一死……

至元三十一年（1294年）正月二十六日，大元王朝杰出的开国皇帝忽必烈，在元大都紫檀殿内阖然长逝。在位三十五年，享年八十岁。史载，“文武百官号啕哭，（跪地）与灵车告别”。最后一次经过元上都，继续北返草原母地，最终归葬于成吉思汗等四大汗在肯特山下的陵园——帝辇谷。

史称：若无忽必烈，难有元上都！

那元上都的后来呢？

忽必烈逝世后之元上都

据史载，在忽必烈大帝逝世之后，在很长一段时间内元上都的历史地位并未改变。元朝历代帝王都传承着元世祖的“两都巡幸”制，某些帝王似更愿在此纵情于声色犬马。除忽必烈的嫡孙元成宗铁穆尔在其母亲阔阔真太后的辅政下，尚“文武全能、治国有方”而被史家赞为“元贞治平”之外，其他诸帝便每况愈下了。究其原因，首先应归咎于历经数代的近亲婚姻所造成的短寿，元成宗之后的帝王大都活到三十岁左右，为此就必然造成皇后或皇太后的擅政乱权。而权欲似比毒瘾还大，她们会找权臣或军阀作为自己的心腹或靠山。比如，元武宗之母答吉皇太后，就历经两个儿子一个孙子共三朝。她竟将其情夫铁木迭儿扶植为权相，勾结奸佞，称霸朝野，以利她尽享权欲独掌朝纲。

皇权旁落，奸相与军阀是一个又一个……

在这样的历史环境下，元上都的政治地位似也在不断发生变化。有的皇族只不过把它看作是寻欢作乐的避暑的“夏宫”所在地，而有些奸党与军阀则把它作为策划阴谋的血腥之地。据史载，仅在这里被弑杀的元代帝王就有两位，而且均是想大有作为、匡扶天下之明君。

这是大元王朝前所未有的，却在发祥地元上都一一展现了……

其一，元英宗硕德八剌。他乃皇太后答吉之孙，元仁宗之独子。在其父英年驾崩之后，答吉太后见其年少仁弱遂立其继承皇位。时年十七岁，是为英宗。但使答吉太后没有想到的是，温顺的小皇帝继位之后，即雷厉风行地“任用贤良、惩恶反贪、重振纲纪、中兴大

铜金刚铃

业”。这令答吉太后与铁木迭儿顿感惶恐，便欲发动政变废掉小皇帝。谁曾想元英宗虽年少却不失祖风，在贤相拜柱的辅佐下，不仅一举粉碎了这场宫廷政变，而且迫使铁木迭儿逃入太后宫中，二人先后郁郁寡欢烦闷而死。故史家曾称元英宗为中兴大元王朝的最后一缕曙光。但因为没有“除恶务尽”，最终还是被答吉太后与铁木迭儿之余孽密谋，连贤相拜柱一齐惨杀于由上都南返大都的途中，元上都也因此沾染了血腥。中兴的最后一线希望也破灭了，元英宗死时才刚满二十周岁。

其二，泰定帝也孙铁木儿。这是一位在草原母地留守圣祖四大斡耳朵的宗王，事前做梦也不会想到自己

汉白玉雕花碑座

会当皇帝。只因答吉太后的余党贼心不死弑杀元英宗之后，为拉大旗作虎皮才迎立这位远在天边没根没叶之人当皇帝的。但使这批逆党没想到的是，这位远来的泰定帝却绝不想当“附逆之君”，登基伊始便与家臣密谋尽除奸党，绝不当傀儡皇帝。果然在时机成熟之时，他竟当朝宣布圣旨历数先帝（即元英宗）是如何圣明，使拥立他的众余孽顿觉大事不好，但为时已晚，都以“弑君之罪”推出斩首。其中包括答吉太后情夫之子锁南、干儿子铁失等，从而使泰定帝一时间转为除奸明君。然而，史载其“为人忠厚，才智平庸，远不及少年天子元英宗”。泰定帝治国时用人不淑：文用了伪装极深的奸党余孽倒不沙为内阁首辅，武用了“一代奸雄”燕帖木儿执掌兵权。同时泰定帝还好色，虽有“艳绝天下”的芭芭罕皇后为伴，但还是听从奸相权帅之劝，另带三个美女到元上都“祈天避祸”来了。很可能是因还不知天高地厚妄图遥控朝政，不久便莫名其妙地驾崩了。虽未见血溅大安阁，但元上都还是弥漫着血腥的气息。随后，他年仅四岁的儿子阿速吉八被奸相倒不沙扶植为天顺帝，但因燕帖木儿反对而引发了“两都之战”，不久也被杀害了。由此元上都似又添了一笔血债，而且不论老小均是皇帝。

至此，黄金家族皇权旁落，一切由手握重兵的军阀说了算……

很长一段时间，大元王朝的一切均由燕帖木儿掌控。在奸相倒不沙被击败之后，又出现了善于溜须的奸相博彦。二人狼狈为奸，竟可私下废立皇帝。比如说刚确定元明宗为帝，但后来听说此人胸怀大志，便能让其在赴元上都登基途中突然驾崩。而其前任元文宗则更是个“内外交困，唯命是从”的皇帝：内惧害人祸己的卜答失里皇后，外惧“一代奸雄”燕帖木儿大军阀。多亏他对内对外均特别恭顺，才勉强多活了几年，但死时也不过才二十九岁。更荒唐的还在于，权师奸相在这哥俩相继去世后——依答吉皇太后所定新制“兄终弟及”，元明宗与武宗确是亲兄弟——竟将元明宗年仅六岁的遗子懿璘质班立为元宁宗，还给他配了个年仅七岁的小皇后。因此，皇室内部也乱作一团，而权帅燕帖木儿却在混乱之中步步高升：由枢密院总管兼任中枢右丞相，后封为太师，进而破例被加爵为太平王（元制：非皇族不得封王），并且是世袭罔替，子孙永享尊荣！但元文宗似仍嫌不够，又特下圣旨以巨石专为其刻制“记功碑”立于上都郊外。真可谓“古今少有，历朝罕见”，致使燕帖木儿竟敢将泰定帝艳绝天下的芭芭罕皇后公然强娶回家！

皇权遭到如此亵渎，乃元王朝由盛转衰之先兆……

果然，刚刚被立的六岁小皇帝元宁宗，登基才两个月便又驾崩了。且不说七岁的小皇后命运如何？就单论皇族内竟“无人堪选”就可想而知了。万不得已，似也只能请回元文宗生前与妓女迈来迪的私生子来登大位。此人即元惠宗，《明史》也称其为元顺帝——大元王朝最后一任君主。一开始在一代贤相脱脱的辅佐下，元顺帝似尚有“中兴之志”。脱脱，史载乃“有元一代最杰出之贤相”：文能主撰编写辽、金、宋诸史，填补华夏

双耳三足铁火盆

汉白玉石雕像

历史之空白；武能利用同宗同族之优势“大义灭亲”，趁燕帖木儿“醉卧花丛”之际一举将其击杀。只不该！后宫出现了一位高丽侍女伴于元顺帝之侧。此女容貌秀丽，身姿婀娜，善察圣意，侍奉圣上无微不至。不久又为元顺帝生下了太子，母以子贵，当即被擢升册立为皇后。权倾一时，逐渐取代了脱脱，故后世史者称“脱脱之治”只不过是元王朝的回光返照。果不其然！她为了父兄之夺权鼓动元顺帝去攻打高丽，谁料在鸭绿江畔被同仇敌忾的高丽将士打得大败而归，死伤近万人，自毁长城打破了蒙古铁骑不可战胜的神话。待儿子长大之后，她又勾结军阀鼓动儿子与父皇争位，逼得元顺帝似也只能深居后宫苦修起了什么天魔舞。农民起义的烽火燃遍全国，这位末代君王却毫无作为。完了，快完了！

元上都却成为元顺帝苦修天魔舞的“避烦地”……

从答吉太后历临三朝的擅权乱政，到高丽奇皇后之为非作歹，最终使忽必烈凭借雄才大略所创的大元基业毁坏殆尽。当然还有更重要的诸多原因，似也不能全怪这两个女人。

元上都可作为见证，从它的兴衰就可看出元帝国的兴衰！

它既是元王朝的发祥地，也是元王朝衰败之地！

元上都的未来……

元上都之末日

在叙述元上都走向末日之前，必须首先综述一下大元帝国没落的更主要的原因。如果把历史责任仅仅归咎于一前一后两个女人，似也是不公允不客观的。须知，大元王朝是中国历史上第一个由少数民族统一华夏而称帝的王朝，势必缺少统治中原汉地的成功经验。虽有忽必烈雄才大略的治理之道，但游牧文明与农耕文明的磨砺与撞击仍在所难免。难怪元末就有史学家称："世祖打天下用真儒，治天下不用真儒也！"比如，忽必烈生前所用的奸相阿合马、桑哥、卢世荣，就加剧了民族矛盾，破坏了国计民生。后虽均被诛杀，但已为后世埋下了祸根！总之，探索必须付出代价！故有的近代史学家称："满清入关能绵延近三百年，皆因多得元人之经验教训也！"

除此之外，元成宗之后尚有以下原因——

其一，天灾。据史载，自泰定帝登基以来，各地天灾频发。正如《元史》所记载："旱荒水荒，虫灾水灾，山崩地裂，杂沓而来，各处警报络绎不绝！"其中尤以黄河溃堤所形成的水患最为严重，浊浪汹涌，黄水漫灌，刹那间便使千万顷良田化为一片泽国，而且连年不断，反复无常，致使"饿殍遍野，流民无数，草根树皮皆被食尽"。为死里求生，饥民们似也只能纷纷投奔农民起义军，如焚毁元上都的"红巾军"……

其二，人祸。据史载，自权臣铁木迭儿、燕帖木儿等拥兵自重以来，各地军阀也随之趁势而起。均无视忽必烈"重农桑"之遗策，反而又争先恐后地霸占良田，将其改为军马牧场，逼得成千上万农民只能背井离乡四处乞食。流民遍布中原，实在走投无路最后还是投靠农

清代鎏金花纹壶

清代酥油灯、檀木香盒

民起义军。

朱元璋、陈友谅等起义军就是如此壮大的……

其三，强权。元史专家李治安先生称忽必烈为“多民族统一国家发展的推动者”，而其继承人中的某些昏君以及奸相却远远背离了这一宗旨。面对复杂纷乱的社会矛盾，不去寻求政治原因，而是通通归咎于“汉人造反”；不去施仁政救民于水深火热之中，而是当“异族叛乱”强力镇压。泰定帝时，奸相博彦就曾建言：“只要杀尽张、王、李、赵、刘、杨六大姓，汉人从此就无法也不敢造反了！”如此血腥之语竟出自中枢首辅之

口，一经外传必使民族矛盾更加激化，国家也陷入了战乱和纷争之中。再加上圈地牧马的死灰复燃，致使农民起义越被强力镇压便越烽烟四起！

元上都首当其冲地面临着末日的到来……

元顺帝至正十八年（1358年）初，农民起义已漫延到幽燕大地。十二月，其中一支“红巾军”已攻破这座闻名于世的草原都城，掳走了金银财宝和军械粮草之后，便放火烧毁了所有的宫殿和亭台楼榭。

夏都永远不复存在了，只剩下一片残垣断壁……

元顺帝蜗居于元大都，虽失掉了夏宫难以再去避暑，但在亲信卫队的护卫下仍在深宫中继续当了十年皇帝。至正二十八年（1368年）闰七月，朱元璋命大将徐达为统帅突然率明军北伐围攻元大都。七月二十八日，元顺帝不顾劝阻当晚即携太子与后妃弃城北返。八月二日，明军开进元大都，象征着改朝换代及元帝国的灭亡。

而元顺帝北归的第一站便是那一片瓦砾的元上都……

或许是游牧民族的习性使然，或许是因为这里曾是世祖忽必烈开创大业的发祥地。总之，他停留于此，并在废墟上扎起了毡帐。

石头人

元上都似乎又有了“死而复生”的希望……

但徐达统率的明军绝对不会给元顺帝任何机会。次年四月即追踪而来，六月便攻入新扎帐宫的元上都。元顺帝似也只能率后妃、太子及部众继续北返，而元上都却在经历着第二次更加残酷的浩劫！

明军对元朝的发祥地之策，即毁灭性地荡平一切，使其彻底消失在茫茫大草原深处！

草原都城最终化为一片瓦砾，又历经数百年而渐渐被后人遗忘了！

但只要大元王朝的历史在，它就会与世长存！

果然，它被联合国列入《世界遗产名录》！

啊！永远的元上都……

结 语

史载：若无忽必烈，难有元上都！而且有史可考，元上都确实与忽必烈开创的大元王朝是共生共长的。为此，除尽量介绍其遗址的种种考古成果外，似乎也必须以忽必烈波澜壮阔的一生为主轴，来介绍这座草原都城的历史重要性。

须知，它曾被举世公认为：东方名都……

而忽必烈被当代史学家称为“多民族统一国家发展的推进者”，联合国评委也称元上都为“游牧文明与农耕文明高度融合”之草原都城，这简直是不谋而合！故而不能只单纯地介绍：这个废墟是大安殿遗址，那块石头是水晶宫的石基……必须结合忽必烈开创大元王朝之种种历史故事，如朝仪、施政、后宫、理财、象辇、战法、重农桑、限圈地诸策而加以讲解。

力图使此书成为知识性和趣味性兼具的一部旅游指南……

之所以如此为之，皆因大元王朝乃我国历史链条中极为重要的一环。它不但结束了近六百年的藩镇割据，而且平云南、定西藏、安新疆、跨海上，初步奠定了我国陆海疆域之版图，同时还开辟了直通欧亚的海上与陆上两条丝绸之路，而这一切又与元上都密切相关。虽说元王朝因治国经验不足仍留有民族矛盾等诸多缺憾，但从祖国统一、民族团结的角度来说，介绍元上都遗址还是应该全方位地面对历史！

中国历史上第一位一统华夏的少数民族帝王，幽燕大地上第一座宏伟的草原都城！

请到锡林郭勒的茫茫大草原来，碧野蓝天百花开！

闪电河静静的流水将伴您走进：

梦幻中的元上都……

2016年5月16日

于呼和浩特

附 录

蒙元世系表

太祖（孛儿只斤·铁木真）	—（22）	1206
拖雷（监国）	—（1）	1228
太宗（~窝阔台）	—（13）	1229
乃马真后（称制）	—（5）	1242
定宗（~贵由）	—（3）	1246
海迷失后（称制）	—（3）	1249
宪宗（~蒙哥）	—（9）	1251
世祖（~忽必烈）	中统（5） 至元（31）	1260 1264
成宗（~铁穆耳）	元贞（3） 大德（11）	1295 1297
武宗（~海山）	至大（4）	1308
仁宗（~爱育黎拔力八达）	皇庆（2） 延祐（7）	1312 1314
英宗（~硕德八剌）	至治（3）	1321
泰定帝（~也孙铁木儿）	泰定（5） 致和（1）	1324 1328
天顺帝（~阿速吉八）	天顺（1）	1328
文宗（~图帖睦尔）	天历（3）	1328
明宗（~和世瑓）	至顺（4）	1329 1330
宁宗（~懿璘质班）	至顺	1332
顺帝（~妥懽帖睦尔）	至顺 元统（3） （后）至元（6） 至正（28）	1333 1333 1335 1341